ちくま文庫

貧乏は幸せのはじまり

岡崎武志

筑摩書房

貧乏は幸せのはじまり

岡崎武志

プロローグ　ビンボー原論

貧乏の話をする前に、私が初めて目撃した金持ちの青年の話をする。

このあと、ずっと貧乏な話が続くので、その対比として書いてみたい。スイカにかける塩みたいなものと思っていただきたい。

金持ちの青年

金持ちの青年、といっても日本のことで、フィッツジェラルド『グレート・ギャツビー』に出てくるお屋敷に住み、夜ごとパーティーを開く青年ほどではない。

二十代半ば、大阪の某公立高校に常勤講師として勤務している頃の話だ。大阪有数の困難校で、ベテランの先生と、教師になりたての新任が入り混じって、日夜、問題行動を起こす生徒たちと立ち向かっていた。

同じ年に、一学年を受け持った国語科の同僚でMという男がいた。京都大学文学部を出て、一発で採用試験に合格した秀才。育ちがいいと見えて、物腰も喋り方もおっとりとしている。教師を敵と考え、子どもの時から修羅場をくぐってきた生徒とはとても勝負にならない。おそらく半年と持つまいと思えたが、意外に芯が強く、表情を崩さないまま、日々の嵐に持ちこたえていた。

彼と私とは同年輩の新人で、同じ学年を受け持ち、同じ国語科に所属したこともあり、よくつるんで飲んでいた。ある夜、つい度が過ぎて、終電を乗り逃がしてしまった。私はその頃、滋賀県在住だったから、タクシーで帰還するなんてとんでもない、どこか安いビジネスホテルにでも投宿するか、と考えていたら、Mが「ここからだったら、歩いて行ける距離に友だちが住んでいるから、そこに泊めてもらおう。一緒に来いよ」と言ってくれたのだ。まだ、携帯電話など普及していない。もう、とっくに日付は変った深夜だったが、近くの公衆電話から、件の友だちに連絡して承諾を得た。

どこをどう歩いたかも覚えていない。四、五階建ての新しいマンションに入っていき、最上階にあるMの友人だという男の部屋を訪ねた。向こうも二十代初めの若者だ。どうやら一人で住んでいるらしい。驚いたことに、彼の住む階には彼の部屋だけしかない。Mに聞くと、「このマンションは彼の持ち物なんだ」と言う。入ってすぐのリビングにバーカウンターがあって、その脇を通ると、広いリビングの奥に三畳間ほどの畳が敷いた東屋のようなスペースがある。そしてなんと、リビングの真ん中に小ぶりではあるが、ビリヤード台が！

彼は初対面の私を、こともなげに「どうぞどうぞ」と招き入れ、Mと喋り出した。異物の私が部屋に侵入したことについて、いささかも動じない。これが育ちの良さというやつか。顔はよく覚えていないが、見たことのないような洒落たデザインのフレームのメガネをかけていた。

まるで夢のなかの出来ごとのようであったが、さっそくビリヤードを始めた二人をよそに、酩酊した私は、そのままソファに倒れ込んで眠ってしまった。

そのとき初めて知ったのである。自分とは、まるで比較にならない、金持ちの青年がこの世に存在することを。同時に、自分が貧しいことも知った。いや、裕福でないことはとっくに知っていたのだ。ただ、回りにも、同じような生活をしている友人が多かったから、とくに悲観することもなかった。金の心配はつねにあったが、借金することもなく、そこそこ平穏に生きていたのだ。彼を知るまでは……。

いまどきの二十代なら、こんなものかと自分のことを思っていたわけだったが、とてもとても「こんなもの」ではない、ケタはずれに裕福な同年輩の若者に会ってしまった。

彼に比べたら、明らかに私は貧乏だった。しかし、世の中には、さらに貧しい暮らしをしている人だって大勢いる。けっきょく、「貧乏」とは、ある種の比較によって「相対化」され、初めてそうだと認定される。上には上があるが、下にも下があるということだ。

そして、日本人はどちらかと言えば、貧乏がよく似合う種族ではないか。貧乏くじ、貧乏ゆすり、貧乏けずり(エンピツを両端から削る)など、「貧乏」のつくことばもたくさんある。貧乏をそれほど毛嫌いしていない、というか、親しみさえ感じているのではないか、と思えることもある。

黒澤も小津も描いたビンボー

それは黄金時代の日本映画を観てもわかる。

黒澤明、溝口健二、成瀬《なるせ》巳喜男《みきお》、木下恵介など、巨匠と呼ばれる監督たちは、みな例外なく、貧しき日本人たちを映像に焼き付けた。小津安二郎は、後半こそ、安定した中流家庭を描くようになるが、「大学は出たけれど」「生れてはみたけれど」「一人息子」「長屋紳士録」と、貧しさの中で暮らす日本人を好んでテーマにした。

出てくる役者も（特に脇役がそうだが）、立派な背広を着せられてふんぞり返るより、地べたを這うような生活者を演じた方が生彩がある。それは戦前、戦中と生きた彼らの身体に、貧乏が染み付いているからだ。

本文でも触れたが、日本人の貧乏を好んで描いたのが成瀬巳喜男。川本三郎『続・映画の昭和雑貨店』（小学館）の「ボロ靴」の章では、「銀座化粧」の三島雅夫、「浮雲」の森雅之、「驟雨」の佐野周二、「めし」の上原謙と、成瀬映画で、いかにボロ靴をはいた男たちが多いかを指摘している。

黒澤明だって、貧しいがゆえに結婚できない若い恋人を「素晴らしき日曜日」で、野武士の襲撃におびえる貧農を「七人の侍」で、薬代も払えぬ町民を無料で診察する医師の姿を「赤ひげ」で描いた。「七人の侍」の左卜全《ひだりぼくぜん》が、床にこぼれた米を拾うシーンがあったが、演技とは思えぬみじめな貧農ぶりだった。

みんなで一緒に貧しくなればいい

陽のあたらぬ坂道を下る現代日本において、みんな貧しいが明るく輝いていた昭和三十年代を舞台にした「ALWAYS 三丁目の夕日」が大ヒットしたり、落語がブームになったりするのも、どこか慎ましやかに生きていた時代への憧れがあるからではないか。

斎藤貴男は対談集『みんなで一緒に「貧しく」なろう』（かもがわ出版）のプロローグで、こう書いている。

「では、ほんとにみんなが幸せになれるように、結果的に全員というのは無理でも、できるだけそうなるためにはどうするか。支持されにくい考え方だと思うけれども、僕は『みんなで一緒に貧しくなればいい』と考えています」

続けて、もはや経済成長の時代は戻ってこない、人件費の安い海外へ仕事は流れていく、そんな場合「エリートサラリーマン、経営者の収入も、それに応じて減らしていくのが筋なのではないでしょうか」と斎藤は主張する。

みんな貧しく、と言ってもどのレベルまでなのか、は示されていない。昭和三十年代なのか、戦前なのか、それとも明治時代の庶民レベルなのか。

江戸研究家の杉浦日向子《すぎうらひなこ》が『一日江戸人』（新潮文庫）で、落語のなかにひんぱんに出てくる「長屋生活」の収支を計算している。

「長屋では、親子三人が一か月一両あればひもじい思いをしないで暮らせました。棒手振《ぼてふ》りと呼ばれる零細商人でも一日四、五百文の稼ぎがありました。一両を六千文として、約十〜十五日間働けばひと月分の生活費がまかなえることになります」

杉浦は収入の一両を一九九八年現在の約八万円に換算して、支出計が五万八千三百八十円、残高を交際費、雑費に回すと割り出している。これだけあれば「一食三杯、おかずに特大切身を添え、毎日銭湯へ入り、週に一度は床屋へ行き、少々の寝酒だって飲める」暮らしが可能だったという。経済学からすれば、貧乏な生活ということになるだろうが、江戸の町人は自分たちを貧乏だと思っていなかったろうし、いまの眼でも決して悪い生活だとは思えない。

貧しいから手に入れられる豊かさ

考えてみれば、昭和三十年代前半くらいまでは、電化製品もまだ家庭に普及していないから、江戸期と似たような生活を送っていたとも言える。

いまは過剰な消費生活を支えるため、父親は朝から終電ギリギリまで過労死するほど働き、母親もパートに出ているため、子どもは一人で電子レンジで作り置きを温めるか、インスタント食品を食べている。どこかがおかしい。

佐和《さわ》隆光《たかみつ》＋浅田彰『富める貧者の国』（ダイヤモンド社）に、こんな話が紹介されている。一九九五年にフランスの思想家、ジャン・ボードリヤールが来日した際、全国各地を歩いたのち、朝日新聞のインタビューに答えてこう言ったそうだ。

「日本という国が豊かなのは日本人が貧しいからだという逆説も成り立つように思える」

これはつまり、長時間労働、家族四人で三ＤＫ、週末の休暇をゆっくり楽しむヒマもないことを「貧しい」と言ったのだ。そのおかげで、日本は世界一のＧＤＰ大国になることができたと言う。何という皮肉か。

『富める貧者の国』で鼎談をした河合隼雄《かわいはやお》は、物質主義に淫した現代日本を批判している。

河合によれば、無宗教の日本人は、背後に仏教的な考え方から「もったいない」という思考を生み出した。それが生きていた時代は、物質と心のバランスが取れていた。

豊かなのに魂のないニュープアー

しかし「モノによって流されてしまいました。だから、今日の日本には、モノが豊富にある状態の生活規範がないのです」。コンビニ、大型家電量販店、ファミリーレストラン、回転寿し、百円ショップ、「イオンモール」、「ドン・キホーテ」のような雑多な量販店にたむろする若者や家族の姿は、まさに「モノが豊富にある状態の生活規範がない」状態を示す。

畸人研究学会『平成新貧乏の正体　しみったれ家族』（ミリオン出版）は、そんな生活規範なき過剰な消費者として暴走する家族を「しみったれ家族」と名付け分析した快著。

夜中の十一時に子どもを連れてファミリーレストランで食事をしている家族がいる。「携帯電話の着信音を親がけたたましく鳴らす。かと思うと、子どももそれに負けじと騒いでいるか、ただ黙って携帯用のテレビゲームに興じている」

昔の家族像とは違い、どうにも「だらしがない」これらの家族を、本書では、バブル経済崩壊後に発生したと考える。

「物と金を失ってしまった人たちが、精神の豊かさを希求したかというとそうではなかった。精神の髄までふやけてしまっていた人たちは、それでもなお世俗の欲にしがみつき、実はささやかでありながら外見上だけは一見豊かに見える生活を目指そうとしたのである。これがしみったれ（ニュープアー）の始まりである」

ビンボーを恐れるな！

金の使いっぷりからすると豊かに見えるが、服装も立ち居振る舞いも、ヤンキーがそのまま大人になったような不作法な親、そしてその予備軍としての子どもが、いま日本国中、幹線道路沿いに並ぶチェーン店にあふれ出している。これは戦後の焼け跡と並ぶ、荒廃した光景だろう。

これなら、もっと生活水準の低い昭和三十年代の方がましだった。「悪銭身に付かず」とよく言うが、日本人にとってまた、小金も身に付かないようだ。ファミレスで家族四人食べる五、六千円の金があったら、千円で四人分の食材を買って自宅で料理をすれば、四、五千円の金が浮く。しかし、ニュープアーにとって、その残った金の有効な使い道がわからない。どっちにしたって、同じことなのだ。この「貧しさ」は、この本で扱うビンボーとは違う次元の話だ。

本当の「ビンボー」って何だろう？　ここに登場する人たちのビンボー話を通じて、あらためて考えてほしいものである。「ビンボー」の生き方に、「精神の豊かさ」を失った時代を生き抜く、本物の思想が隠されている。

ビンボーを恐れるな！

著者27歳の頃、大津の一軒家に住んでいた

目次

プロローグ　ビンボー原論……5

第一章　腐《ふ》裕《ゆう》より貧格《ひんかく》の人びと——楽しく強く清らかに

天本英世——死神博士はホームレス?!……24
金子光晴——貧乏でも死ぬまでモテモテの詩人……33
稲垣足穂——貧しくても頭のなかは無限の広がり……45
五木寛之——この男もここまでやった!……57
浅沼稲次郎——本当の庶民派政治家とはこういうものだ……67
和田芳恵——貧乏人こそ長生きが必要だ……74

第二章　愉快痛快！　有名人の㊋話

赤瀬川原平――「貧乏は発明の母」……86
岸部四郎――「二万円で金縛り」……89
西原理恵子――「どうしたら稼げるか？」で道は拓ける……92
吉田拓郎――機械の前座で「マークⅡ」を歌う……97
井上陽水――長者番付常連も電車賃のない生活を……102
得能史子――「貧乏に気づかなかった」……105
群ようこ――税金ビンボウ……107
祝々亭船伝――こうなると貧乏も人助け……112
明石家さんま――島田紳助にブタや牛呼ばわりされた……114
相場師・畠中平八――「人間生まれたとき、おヘソひとつ」……117

第三章　男もすなる貧乏を女もしてみんとて

女性の貧乏話にも味がある……122
吉永小百合──学ぶ労働者の美……123
石坂啓──お金の苦労でふりかえる青春記……134
西加奈子──貧乏で鍛えた作家魂……144
森茉莉──夢のなかでこれほど贅沢な貧乏を……149

第四章　㊎生活を生き抜く庶民の知恵──食と住処

伝統のニッポン貧乏食は変わらない美味しさ……160
キャベツばかりをかじってた／レタスにマヨネーズ／米食のバラエティ

／ザリガニを茹でるとエビみたい／パンの耳神話　他
四畳半伝説──日本の貧乏住まいはワビサビの風情アリ……178
トタン葺きのベニヤ御殿／四畳半「茶室」論／四畳半という楽園／東京二十三区四畳半事情／四畳半パラダイス／家賃を支払わずに済ます方法
──尾崎一雄　他
爽快ナリ貧乏マンガの世界……209
鉄壁のビンボー人グッズ／退屈は読書の友達／物を持たないことの自由　他

第五章　これだけ押さえればＯＫ！　古今東西借金術

有名人の借金術……228
成瀬巳喜男は「借金」がお好き？／岡本喜八発明の「借金術」／三好達

治「借金の天才」／ドストエフスキーはとんでもない浪費家にして借金野郎／石川啄木――借金王ナンバー1

第六章　貧乏のススメ――貧対談

電子レンジと妻と洗濯ネットがあれば貧乏を生きぬける!……261
対談　荻原魚雷

本への情熱が溢れ過ぎて、こぼれそう……320
対談　古書ますく堂 店主・増田啓子

文庫版あとがき……350

第一章 腐裕《ふゆう》より貧格《ひんかく》の人びと——楽しく強く清らかに

天本英世――死神博士はホームレス?!

東大出身の死神博士

天本英世《あまもとひでよ》は、一九二六（大正十五）年、福岡県若松市（現・北九州市）生まれ。東大出身のインテリ俳優。出身といっても、法学部政治科に入学して半年通っただけで、四年後に中退してしまったようだが。

子どもたちには「仮面ライダーV3」の死神博士として知られる。暗く、狂気をはらんだ役が多く、印象に強く残る役者だった。天本英世という名前は知らなくても、顔を見れば、ああ、あの映画（ドラマ）に出ていた人だ、とすぐわかるはずだ。

映画では岡本喜八《おかもときはち》監督が喜んで使い、常連役者だった。気づかない人も多いが、木下恵介の名作「二十四の瞳」で、主演の高峰秀子の夫役を務めたのが彼だ。その「二十四の瞳」で、台詞《セリフ》を覚えぬままに現場へ行き、高峰秀子にも監督にも迷惑をかけ、以後、この大監督から声がかからなかったという。

ホームレス役者

天本は晩年、一九九一年から始まった「たけし・逸見の平成教育委員会」というバラエティ番組にレギュラー出演し、ちょっとした人気者になる。それまでの年収は三百万円だったのが、これで月収が三百万円となった。雑誌取材なども増え、そこで半ホームレス状態であることが発覚し、話題になった。どういうことか。

彼は知り合いのクリーニング屋の二階に居候《いそうろう》していた。部屋代を払っていたわけではない。その部屋には夜、寝るだけ。昼間というか、朝七時頃からクリーニング屋の仕事が始まるから、それまでには部屋を明け渡す。夜になると、また戻ってくるわけである。

「僕は朝7時からの浮浪者、ホームレスです。あったかいときは公園で寝ている。家がないんですから。昼間仕事があれば一番いいだろうけど、そうそう毎日仕事じゃないしね。だから寒さや雨が浮浪者の敵だということはよくわかります」（「婦人公論」

一九九三年四月号）と語っている。

人気漫才コンビ「麒麟《きりん》」の田村裕が、中学生のとき家族解散となり、しばらく公園で寝泊まりしていた体験を書いたのが『ホームレス中学生』。本は大ベストセラー、映画化までされたが、これはほんの一時期のこと。天本の場合は、テレビで顔が売れるようになってからのホームレス生活であり、芸能界では前代未聞の話だろう。

家を持ちながら居候生活

このクリーニング屋には二、三年厄介になり、その後、アパートの部屋を借りるようになる。自著『天本君、吠える！』（KKベストセラーズ）のなかでは、「『何を好きこのんでクリーニング屋に居候して、街を放浪しているんだ。アパートでも借りればいいのに』／などとよくいわれるが、マンションならともかく、ぼくはアパートというのが嫌いなのだ」と書いているのだが、どこかで心境の変化があったらしい。

ところが、これまた不思議な話だが、天本にはちゃんと自分の名義で所有する一軒家を都内に持っていた。一九五八（昭和三十三）年、代々木上原に一軒家を買っている。当時のお金で百六十万円。現在の二千数百万円というところか。「週刊文春」に、いまも連載される「家の履歴書」（一九九四年十月二十七日号）によると、「変わった家でね、地下一階、地上二階建ての、一見ヨーロッパの農家風です。ドイツ大使館の武官が自分の敷地の隅に掘った子供用のプールが、その地下にあたる部分で、その後この土地を買い取った絵描きがプールを半地下のアトリエにして、その上に一階を後に二階を増築したわけです」という家だった。

二階へ上がるには外にらせん階段がついていたというから、「死神博士」にはぴったりの家だったようだ。しかし、家を持ちながらホームレスとは！

秘められた愛情物語

この家を買ったのには理由があった。天本は鹿児島第七高等学校在学中に、学徒出陣で召集され、終戦の年の十二月に除隊となる。高校は一年休学し、また鹿児島で最後の一年を過ごす。このとき、下宿先の十一も年上の未亡人と恋に落ちる。相手には三人の子があった。「京都の生まれで、着物がよく似合って、鹿児島の三大美人のひとり、と評判だったそうです」（「婦人公論」二〇〇〇年五月二十二日号）と自ら、のろけている。

彼女とは上京してからも十一年間つきあいが続き、ついに結婚にこぎつけた。それを知った天本の父親が家を買ってくれたのだ。彼女の長女が文化服装学院へ入学し、ひと足早く上京してきて、この家に住む。母親も追って上京する手はずになっていた。ところが、一九五九年の十二月、岡本喜八監督「暗黒街の対決」の撮影を終えて、家に戻ってくると、彼女がそこにいた。しかしそれは、別れを言うためであった。天本の必死の引き止めにもかかわらず、彼女は娘と鹿児島へ帰って行った。

「でも僕は、結局最後に一人になってよかったと思ってます。限りなく強くいられるから、家族がいたら金のためにイヤな仕事もしなきゃいけなくなる。僕らの仲間でもいますよ、新劇のベテランなのに、生活のために出たくもない芝居に出ている人が」と「家の履歴書」で語っている。

物欲をいかになくすかの人生

これが負け惜しみとも思えないのは、天本の生涯が、すべて物欲をなくすことに費やされているからだ。物が欲しいと思うから、それを手に入れられない状態に苦しみ、持っている人をうらやみ、自分を「貧乏」だと思う。天本の生き方は、そんな「苦しみ」から切り離されている。

まるで「聖《ひじり》」のような心境は、いったいどこから生まれたものなのか。私の見るところ、鹿児島の女性との破局が大きかった。「婦人公論」（前出）のインタビューでこんなふうに語っている。

「結局、結婚しないことになって、僕がひとりで残ったから、家はあんなにめちゃくちゃになったんです。要するに、家っていうのは、結婚する者にとっての必要物なんでしょうね。だから、結婚しない男には、別に必要ないということですよ。家ってのは、やっぱりそこに家族がいるから、家なんじゃないですか」

ハル・デヴィッドとバート・バカラックのコンビによる名曲「ア・ハウス・イズ・ナット・ア・ホーム」を思い出す。愛する人が去った後では、家は家庭でない、という意味の歌だ。

十一年もかけて育てた（と思ってきた）愛を失ったことで、天本は不可避的に、「所有する」ことを畏れるようになった。

「とにかく、物があふれすぎて平和だから日本人はボケたのである。／スペインでもどこでも行ってみればすぐにわかるが、物がなくても、貧しくても、魂がある、心がある。いや、別のいい方をすれば、貧しいからこそ魂があるのだ。／日本は、いつも欧米から『なぜ、飢え死にしかかった子供たちを助けないのか』といわれる。すると、その手段はつねに『金、金、金』。金さえ進呈すればいいという考え方である」（『天本君、吠える！』）

「家の履歴書」で、こうも言う。

「今の僕には失う物は何もない。年をとると人や物に対する見方も変わるし、妙に度胸がすわるもんです」

スペインを愛して

晩年の天本は、インタビューにおいても、口を開けばスペインの話をしていたようだ。「物がなくても、貧しくても、魂がある、心がある」のが、かの地だというのだが、日本と比べて、スペインはそんなにいい国なのか。

天本は一九八〇（昭和五十五）年にスペイン体験を綴った『スペイン巡礼』（話の特集）という本を出している。写真も随所に挟まれているが、ほとんどは文字の詰まった、三百ページにもなる立派な本だ。推定原稿枚数は四百字で五百枚以上あると思われる。職業的物書きでない人が、五百枚以上の原稿を書くというのは並大抵ではない。読めばわかるが、文章はおそらく本人が書いている。

この本によれば、天本は一九七三年、七五年、七七年の春に、スペインを訪れている。ただし、あとの二回はツアーによるもので、いずれも短い旅だった。それから一年おいた七九年には、スペイン全土を七カ月かけて巡る念願の旅を敢行する。『スペイン巡礼』はその記録なのだ。

一読してすぐわかるのは、天本がこの旅に感激しっぱなし、ということだ。「！」マークが乱用と思われるほど、あちこちの文末を飾っている。

「モダンな街の真只中に海がある！」

「広場の横にはピカソの『ゲルニカ』のポスターが貼ってあった！」

「何という美しい、古い、そして格調の高い村であろうか！」

……てな調子。

見るもの、聞くもの、出会う人、風景と、スペインは天本にとって天国のような場所だったらしい。どこか魂をスペインに置いたまま、日本で役者稼業《かぎよう》に身をやつしていたようにも思える。一年おきにスペインに出かけ、その旅費を稼ぐためなら、ホームレス生活も厭《いと》わないとでもいうような。

その死

その後、天本はスペインに二十回も渡航している。スペインに行くためだけに生きた後半生と言えるかもしれない。それほど好きなら住めばいいじゃないか、と私などは思うが、二〇〇〇年の「婦人公論」（前出）インタビューでは、「スペインの田舎に小さな家を買って住もうかと、考えたことがあります」と告白している。しかし、そのあとで「だけど、旅ならいいけど、ただスペインに、何もしないでじっと住んで、どうしますか」とつけくわえている。

憧れの国は、遠い対象として取っておく方が、いい夢を見られることをちゃんとわかっていた。このあたり、さすがである。役者の仕事も、依頼がある限り続けていきたいとも語っている。そして、俳優がやれなくなったときは、「最後の勇気をふりしぼって、スペインに行くでしょう。そして、モロッコ行きの夜の船に乗って、海に飛び込む」と、その最後を語る。

しかし、人の人生はそんなに思ったようにはうまくはいかない。二〇〇三年三月二十三日、急性肺炎で故郷の北九州の病院で天本は息を引き取る。享年七十七。それから二年後の二〇〇五年十月、遺骨が夢の地、スペイン・アンダルシアの川に撒《ま》かれた。

金子光晴――貧乏でも死ぬまでモテモテの詩人

洗面器のなかの
さびしい音よ。

くれてゆく岬《タンジョン》の
雨の碇泊《とまり》。

ゆれて、
傾いて、
疲れたこころに
いつまでもはなれぬひびきよ。

人の生のつづくかぎり
耳よ。おぬしは聴くべし。

洗面器のなかの
音のさびしさを。

これは「洗面器」という詩。書いたのは金子《かねこ》光晴《みつはる》。若き日より八十歳の死まで、つねにエネルギッシュな詩作を続け、湿潤たる日本の風土に、まったく新しい地平をもたらした詩人だ。

「洗面器」は、そんな詩人の代表作。この詩を含む詩集『女たちへのエレジー』が出たのは、一九四九（昭和二十四）年で、詩人は五十四歳になっていた。

本当はこの詩の前に、括弧《かっこ》にくくられた前書きがあり、そこを読むと、この「洗面器のなかの／さびしい音」とは、広東の女たちが洗面器にまたがって、小便をする音だとわかる。船のなか、押し込められた東南アジアの女たちは、ひと目もかまわず放尿するのだった。おしっこを詩にするなんて、いったいどういう詩人だったんだろう。

親の財産をあっさり使い果たす

こんな詩を書いた金子光晴は、一八九五（明治二十八）年に愛知県海部郡越治村（現・津島市下切町）で生まれる。事情があり、三歳で清水組名古屋出張店主任の金子荘太郎の家へ養子にもらわれる。金子家は裕福だった。十二歳で、当時、人気浮世絵画家だった小林清親《きよちか》に日本画を習う。ここで習得した絵の技術は、のちに身を助けることになった。

暁星中学校を卒業後、二十二歳までに早稲田大学、東京美術学校（現・東京芸術大学）、慶應義塾大学と各校を転々とし、結局中退で終わる。そんなことができたのも、家に財力があったからにほかならない。その後、七十歳ぐらいまで貧乏暮らしをするが、普通に人生を送れば、とてもそんな身の上ではなかった。

一九一六（大正五）年に義父が胃がんのため死去するが、遺産相続金として、義母と折半し、約十万円が転がり込む。これは現在の物価に換算して、ざっと九千万円に相当する金額である。これを金子は、なんと三、四年で使い果たしてしまう。ぜいたくしなければ、一生暮らしていけるような金が、またたくまに消えていった。驚くべき、金銭感覚の鈍さである。使い道は、最初のヨーロッパ旅行へ行き、最初の詩集『赤土の家』を出し、マンガン鉱に手を出すも失敗など。

自伝『詩人』（一九五七年）のなかで、そのあたりのことを金子はこう書いている。

「義母の金がずるずる減っていった。僕の方も負けないで蕩尽した。二十万円にみたない金だったが、現在の金に換算すれば二千万円以上となるから、相当使いでがあった。仕事に手を出して失敗でもしなかったら、それほど早く使いはたす金高ではなかった」

と、自分でもよくわかっているのだ。

講談社文芸文庫『詩人』巻末の年譜によると、一九二四（大正十三）年に、運命の女性・森三千代と結婚するが、その後も困窮は続く。二五年には長男の乾《けん》が生まれ、訳詩集『ブェルハァレン詩集』が出るが、「この頃家財を潰し、鮮少の貯えもなく苦境に陥る。赤城元町の家を出て転々と移住」。訳詩集、アルセーヌ・ルパンの翻訳など、実入りはあるはずなのに「生活の資を得るため、関西・東京方面へたびたび足を運ぶ」とある。まるっきり、金銭が身に付かない生活が、このあと延々と続くのだった。よく「悪銭身に付かず」というが、その「悪銭」さえも身に付かないのが金子光晴だ。

森三千代の証言

金子と三千代は結婚間もない頃、よくケンカをしたという。

「私とは、すごーい喧嘩したことがあるんですよ。時々ね。これはうんとはじまりの頃でしたけどねえ、貧乏長屋みたいな借家でね、とっつかみあいの喧嘩をしましてね、金子に投げ飛ばされましてね。私の体が、襖ひとつ越えて向こうの部屋まで飛んでいっちゃったの。その襖が、柔な襖でね、つきぬけて、向こうへ行っちゃったんですよ」(「面白半分」臨時増刊「追悼・金子光晴」)

これはたぶん、一九二六(大正十五)年頃の話だ。この年の十月、家賃が滞《とどこお》り、大森の家を追い出された夫婦は、高円寺へ移り住む。これが、バラック建ての粗末な家だったという。しかし、ここでも家賃が払えず、夜逃げ同然で富久町（東京都新宿区）にあった実母の家に身を寄せ、次に笹塚と、ほとんど尻があたたまるヒマがなかった。

そんな状況で、夫婦仲よく暮らすというのがむしろ変で、いさかいごとが絶えなかった。ケンカの原因は何か。三千代はこう言う。

「それがね、不思議にお金のことじゃないんですよ。あれだけ貧乏してましてね。なんだっけかな、なんかつまらないことですよ」

いくら貧乏しても、そのことではこたえず、お金のことで争ったことがない。これが金子光晴と森三千代の骨頂で、のちに一九二八（昭和三）年から一九三二年にわたり、中国、東南アジア、ヨーロッパと貧窮の放浪生活を続けるが、その性根は、新婚生活から築き上げられた。

「無一物の日本人がパリでできるかぎりのことは、なんでもやってみた。しないことは、男娼ぐらいのものだ」という有名な一節が書かれる『ねむれ巴里』を始め、『どくろ杯』『西ひがし』『マレー蘭印紀行』は、海外渡航記の傑作で、のちに沢木耕太郎など、アジアを貧乏旅行する若者が描いたルポの先駆となる。

反権力ゆえの貧乏

詩人・金子光晴が偉かったのは、太平洋戦争中、多くの日本人の詩人や歌人が戦意高揚の作品に手を染め、国家総動員に加担したのに対し、抵抗を続けたことにある。

反骨の男・金子光晴（共同通信）

詩集『鮫』はそんななかから生まれた。「反戦」「反権力」の文学者だった（櫻本富雄はこの点について異説を持ち、著書で金子光晴の戦争協力について言及）。

一九七五（昭和五十）年に出た、雑誌「面白半分」の臨時増刊「追悼・金子光晴」に掲載された座談会で、こんなエピソードが紹介されている。平野とは平野威馬雄《いまお》、堀木とは堀木正路《まさみち》。ともに金子と同時代の詩人仲間である。

「平野　ぼくが一度、金子にNHKの芸能部長を紹介したことがあるんだけど、あとで彼のことを、ラジオ屋さん、って言ったな。局長とか、権威みたいなもの大キライなんだ。そいで、片輪者（原文ママ）だとか、何だとか、貧乏人が好きなのね、あの男は。

堀木　そうそう。ぼくが金子光晴論を書いた時に、『先生はどうしてあんなに山之口貘さんが好きだったんですか』って尋ねたらね、『やっぱりあの人は、貧乏だったたですからね』って、言ったの」

山之口貘《ばく》もまた、若き日に路上生活をするほど貧しい詩人だった。

「金子さんの琴線に触れる一つは貧乏、もう一つは放浪」と堀木は言う。金子が芸術院会員に推薦されたことがあった。あとは本人がウンと言えば、決まるところまで来て、その本人が首をタテにふらない。断った理由は、芸術院会員を授けるのが天皇だったから。「それならイヤだよ、いらないよ」と言ったという。

芸術院会員は美術、文芸、音楽・演劇・舞踊の三部門で、功績のあったとされる者が毎年数名選ばれる。国家公務員の非常勤職員という扱いとなり、年金二百五十万円が支給され続けるのだ。ぜいたくさえしなければ、老夫婦が十分に食べていける額である。

それを金子は蹴った。「おっとせい」という名作を書いた詩人は、お上から、納得のいかない金を受け取るわけにはいかなかったのである。

誰かと食事に行っても、かならず相手の分の勘定も金子が払うのがつねだった。「金がない時は、自分はまずいもんを食ったっていいという人」だったと堀木。例えば、レストランに入り、まわりがカツを注文しても、自分はもっと安いカレーライスを食べた。

こんなことがあった。貧乏詩人・山之口貘と連れ立って、食事に行ったとき。いつのまにか金子の姿が消えた。現れたと思ったら、ズボンが変わっている。山之口と金子はカレーライスを食べたが、その金は、姿を消した金子が質屋へ行き、そこでズボンを脱ぎ、悪いズボンとはき替えて、その差額で作ったというのである。なかなかできることではない。

息子・森乾の回想

こんな父親を持つ息子とは、どんなものなのか。『想い出の作家たち1』（文藝春秋）から見る。長男・乾は一九二五（大正十四）生まれ。ただし、三歳のとき、両親の東アジア、欧州への渡航を機に母方の祖父母に預けられる。それ以前にも父の光晴は上海へ渡り、その間に、母の三千代は、美術評論家の土方定一と恋に落ちるなど、めちゃくちゃな家庭だ。

女好きの父と男好きの母のもと、一緒に暮らすようになったのは、ようやく九歳のときから。しかし、時代はすぐ戦争に突入する。戦時中は、山中湖の貸別荘に疎開し、トウモロコシやジャガ芋を作って飢えをしのぐ。この時代、みなそうして生き延びた。「ギリギリの生活でしたが、その三年間はぼくらほんとうに仲が良かった」と、乾は、むしろこの窮乏の時代こそ金子家が安定していたと、懐かしむように回想するのだ。ほかの人の場合でも、同様の感想が多く見られる。ものがない方が、家族関係はシンプルになるのか。

乾の学費を出したのは、すべて三千代。三千代は美人の女流として一時期、流行作家となった。光晴は戦後、無職になっていた。乾は一九四六（昭和二十一）年に早稲田大学文学部英文科に入学し、五〇年に同大学の修士課程（仏文専攻）に進むが、学費はアルバイトで稼いだ。中学校で教えていたこともあり、お金が入ると、そのなかから、お小遣いを父親に渡したという。

乾曰《いわ》く、父親の光晴は、万年床で着替えもしないで寝てしまう。一生、顔も洗わず、歯を磨いたことも一度もないという。こういう父親を持てば、自分がしっかりしないといけないと思うのか、乾はヨーロッパ留学を経て、早稲田大学の教授を長く務めることになる。

若い女性にモテモテの晩年

「服装に全く無頓着で、しかも入浴ぎらいのせいか、そば近くによると、ぷーんと垢とも汗ともつかない、チベットのラマ僧みたいな異臭のした八十歳の老人」（森乾「父と幽霊」／「面白半分」所収）が、不思議と若い女性にモテた。マスコミが「フーテン詩人」として、その超ゾク的な生き方を面白おかしく取り上げ、二十代の文学少女のアイドルのような存在になっていた。

通夜の日にも、「家の門の前の通りで若い女の人ばかりが、いくつかのグループに固まって、肩を抱き合いながら号泣していた」と、長男の乾が書いている。

五十三歳のとき、二十五歳の愛人ができたというのも有名な話。詩人志望で金子のファンだった大川内令子と肉体関係に陥り、五年後に結婚。しかし不思議なことに、令子と三千代のあいだを、このあと金子は往復し、結果的に「森三千代と三回結婚して二回離婚し、大川内令子とは二回ずつ結婚と離婚」する。このややこしい不思議な愛憎劇は、「ラブレター」（東陽一監督）という映画にもなった。

「最晩年には、言行ともに女体、性にたいする執着をあらわにし、飄々とした面白いエロ爺さんとしてマスコミの人気者になった。それは、老人性欲の率直な枯れた表現であり、生ましめた者へのエロスの回帰でもあり、八十年の永い歳月を生かさせてくれた時代にたいする光晴流のダンディズム、サービスというものでもあったろう」と原満三寿は書く（講談社文芸文庫『風流尸解記』作家案内）。

年を取って若い女性とつきあうには、まず金が必要だと誰しも考える。しかし、戦後まもなく職を得た化粧品会社も営業不振で手当を失い、五十代の金子に金などなかった。あるのは金子光晴という名前だけだったのである。

稲垣足穂——貧しくても頭のなかは無限の広がり

あの澁澤龍彦《しぶさわたつひこ》に「抽象思考と飛行願望、メカニズム愛好と不毛なエロティシズム、天体とオブジェ」と、その世界を要約され、日本の文学風土のなかで「名誉ある孤立」を選んだと評されたのが稲垣足穂《いながきたるほ》だ。代表作『一千一秒物語』は、例えばこんなショートショートの集成。断っておくが、これで全文だ。

　ある晩　黒猫をつかまえて鋏でしっぽを切るとパチン！　と黄いろい煙になってしまった　頭の上でキャッ！　という声がした　窓をあけると　尾のないホーキ星が逃げて行くのが見えた（「黒猫のしっぽを切った話」）

こんな不思議でファンタスティックな文学を、足穂は一九二〇年代の初めから書き始め、二三（大正十二）年一月、金星堂という出版社から本にして出した。このとき二十三歳。つまり、一九〇〇（明治三十三）年に生まれた。作品だけ読むと、神経質そうな蒼白い美青年を想像するかもしれない。ところが、後年の写真を見ると、赤ん坊が泣き出しそうな、丸メガネをかけた大入道だ。

この足穂という人が、貧乏に貧乏を重ねて、それをよしとする人生を送り続けた。細かな伝記部分は措《お》くとして、『別冊新評　稲垣足穂の世界』（一九七七年　新評社）をもとに、その貧乏ぶりをたどっていくことにする。

貧乏が貧乏のところへ転がり込む

年譜を見ると、一九二一（大正十）年に上京した足穂は、佐藤春夫の仮寓《かぐう》の離れに住んでいる。一九二三年には西巣鴨新田に転居とあるが、「池内姉妹の経営する舞踏研究所」が本来の下宿だから居候《いそうろう》だろう。その後も、無量光寺というお寺に住んだり、馬込の衣巻省三方に寄寓など、どうやらまともに自分で住居を借りることがなく、つねに誰かのところに転がり込む居候人生だったようだ。

一九三七（昭和十二）年には牛込区横寺町の東京高等数学塾に住みつく。ここには、一九四五年四月の空襲で焼失するまでいた。横寺町は江戸時代から続く由緒ある町名で、その名のとおり、寺が集まっていた。現在、新宿区横寺町として名が残り、地下鉄で言えば都営大江戸線「牛込神楽坂駅」の北側に、いまも寺が集まる一画だ。

この横寺町時代の足穂を、画家の富永踏が回想している。ちょっと馬鹿馬鹿しくなるほど、貧乏三昧の日々だった。ちょうど稲垣足穂と画家の津田季穂がヤマニバーで一杯やっているところに、若き画家志望の富永が出くわす。「ヤマニバー」は、「バー」とついているが、大衆的な洋食を食べさせる店で、浅草にあった。調べはついていないが、神楽坂近辺にもあったかもしれない。

富永は長髪で「乞食同然の姿」をしていたという。津田に声をかけられ、「絵を描いている」と言うと「私の所へいらっしゃい」となった。家を訪ねてみると玄関に「高等数学塾」と「幼稚園」の木札がかかっている。足穂はここでガウンに縄帯をしめ、大学受験生に数学を教えていたのだ。富永が来たため、それまでいた三畳間を譲り、足穂は二階の八畳間へ移る。

「当時の足穂先生は飲まず食わずで鉛筆の短いので原稿を書いておられ『今日は鴨がネギをかついで降りてこないかね』などと面白おかしく」言った。この「鴨がネギ」とは、富永のことで、富永はAの古本屋で買った本をBで高く転売する才能があったらしく、そのお金で、「たまには朝食味噌汁お新香つき十銭という食事」を足穂と食べた。この時代の「十銭」は現在の二百〜三百円ぐらいか。

伊藤整が、神楽坂でぐうぜん足穂に会ったら、「落とし紙の重いやつ、あいつを火であぶって醬油をサッとひくと、ちょいといけるよ」と言うので、気持ちが悪くなって逃げ出したという。ちなみに、「落とし紙」とは、いまでいうトイレットペーパー。ただし、紙の質はうんと悪い。いくらなんでも紙は食えないだろう。

この「高等数学塾」は、住居として建てられた物ではないらしく、水道もなく、トイレは幼稚園に借りにいく生活だった。足穂はほとんど食べないが、酒だけは飲んだ。「寒い夜酔って帰ると、ビールびんに水をくみに行く。食ったり飲んだりできない時は、水を飲んで口をくくっておくとか……」。水っ腹で空腹をごまかしていた。

そんな足穂が文章を書くとまるで違う世界を現出させた。この横寺町時代をモチーフにした「横寺日記」では、毎夜、空を眺め、星を観察している。

「十月三日　日曜」の項。

「夕方目の醒めるような新月が出た。信じられぬくらい匂わしい。／墓地向うのY君の許で長いあいだ話しこんでから出ると、頭上は愕然とするような星空だ。プレィアデスはまるでそこに嵌めこんだ宝石細工。アンドロメダ星雲は直上に燐光を放っている。総てが作りつけたように鮮やかなので、星々は新規に差換えられたとしか受取れない」

といった調子だ。便所紙と水で空きっ腹をごまかしている人物とのギャップがすごい。この横寺町に住み始めた一九三七（昭和十二）年、母死すの知らせを受けるが、金のない足穂はとうとう帰省しなかった。親の死に目にも会えない貧乏ぶりである。

吹きだまりの人生と高貴のシンフォニー

数学塾にはふとんがなく、足穂の取り巻きだった安達という男が同居していた。彼は「ハトロン紙の南京虫をとる敷物をかぶって眠る。夜中に私は紙の音で眼が覚める」と富永は書いている。また、火鉢はあるけど炭がない。寒いときは仕方なく、数学塾の雨戸をこわして、それに火をつけて暖をとったというからすさまじい。

一九四二、四三（昭和十七、十八）年頃、富永は東京宝塚劇場美術課へ入り、懐が少し暖かくなる。足穂と連れ立って市営食堂へ入るが、ライスを注文してソースをかけ、これが「洋食」と足穂は言った。飯塚酒場の思い出も。「飯塚酒場」とは「神楽坂本通りからすこし離れこそすれ、ここも昔ながらの山手風のさみしい横町の横寺町、第一銀行について曲るとやがて東京でも安値で品質のよろしい公衆食堂。それから縄暖簾で隠れもない飯塚」と、今和次郎編纂『新版大東京案内』上・下（ちくま学芸文庫）に書かれる酒場だ。

同書（上巻）によれば、この飯塚酒場周辺は「独身の下級俸給生活者、労働者、貧しい学生の連中」が通う店が主だった。「俸給生活者」とは、いまでいうサラリーマンのこと。

飯塚酒場のことを富永はこう書く。

「ゴッタ煮とドブロク、焼酎の旨かったこと。マルのある時は日本酒かビール。そこには吹きだまりの人生と高貴とがシンホニーを奏していた」

「マル」とはひとケタ多い金額のことか。最底辺の生活を送りながら、足穂との思い出を書くとき、富永の筆は生き生きとし、人生を満喫しているように見えてくるのだ。

戦争中は、いよいよ食糧がなくなる。足穂の枕を開いてみると、なかから小豆が出てきた。早速これを売りに行くと、これが五十銭か一円になり、飲んでしまったというエピソードも、不思議なことに少しも貧乏くさくない。

富永は最後に「とにかく多くの良き人々に知り合い転がり込み（人の気も知らないで）私は幸福だったと思っている。過ぎし日の苦しみも困難も今は良き夢」と書く。

社会事業としての結婚

しかし、ろくに食べないで酒ばかりあおっている生活をそのまま続けていれば、足穂の戦後はなかったかもしれない。一九五〇（昭和二十五）年、四十九歳のときに転機が訪れる。詩書出版で名をはせた書肆ユリイカ社主・伊達得夫の紹介で知り合った篠原志代と結婚、彼女の住む京都へ赴く。以後、一九七七（昭和五十二）年に七十六歳で生を終えるまで、京都に住み続けた。

志代夫人は一九〇七（明治四十）年愛媛県生まれ。看護師、助産婦などを経て、一九四三（昭和十八）年に西本願寺で僧籍に入る。戦後、社会事業に身を投じ、一九四八年に足穂と知り合った。足穂と結婚するなんて、いわば社会事業のようなものだ。足穂を生かすために生まれてきたとも言える。

なにしろ、結婚したとき、足穂が持っていた荷物はふろしき包み一つ。なかを開けると、焼酎の空き瓶、書きかけの原稿用紙が入っているだけ。破れ靴に国民服を着て、志代夫人のもとにやってきた。

志代夫人が、藤本義一の対談集『ケッタイな体談』（読売新聞社）に登場し、この変人の夫について語っている。

この「ケッタイな」旦那は、いつも素肌に浴衣《ゆかた》一枚。下はフンドシ一つ。寒くても、上からウールを羽織るぐらいだったという。

「金は、そらあったら便利だけど、っていってますけどね。本人が金をもうけてどうしようという気はないんです。金がなくて自分が生きられなかったら、生きなくてもいい、という考え方」だった、と志代夫人は語る。例えば、風呂代として百円をくれ、と言うので渡す。夫人が「もちっと三百円ぐらい持ってなさい」と言うと、「そんなに持ったら重荷や」と足穂は返してくる。そのあと、続けた言葉がふるっている。三百円も持つと「たもとがしわるから、こっちのげたがちびる」と言ったのだ。（著者注「しわる」とは、重さでたわむの意）

生活費はすべて志代夫人の児童福祉司としての給料でまかなっていた。足穂は結婚した一九五〇年から六〇年代末あたりまで、仕事らしい仕事をしていない。その名前は知る人ぞ知るといった存在になっていた。

志代夫人によると、たまに原稿依頼があっても、自分が気に入ったものしか引き受けない。それは原稿料の多い少ないに関係なかった。そのくせ、原稿依頼書に入っている返信用封筒の切手は、水につけて剝《は》がしてまた使っていた。

「そんなことするくらいなら書いてくれたらと思うんですけど、書かない」と志代夫人。

一九六九（昭和四十四）年、前年に出た『少年愛の美学』（徳間書店）が第一回日本文学大賞を受賞し、同年に現代思潮社より、全六巻の『稲垣足穂大全』の刊行が始まる。このあたりから、異色の作家、稲垣足穂が「再発見」され、ちょっとしたブームとなる。そうでなければ、「別冊新評」が『稲垣足穂の世界』という特集号を組むこともなかっただろう。

フロクの鉛筆にちらしの裏が原稿用紙

足穂は京都市右京区山ノ内御堂殿町の学生寮（染香寮）に始まり、宇治市黄檗山万福寺子院の慈福院、宇治市の朝日山恵心院、伏見区桃山町の桃山婦人寮職員宿舎など、夫人の勤めに合わせて、京都府内を転々としている。桃山時代が長く、この間に足穂の元を訪ねた高橋睦郎、萩原幸子が『稲垣足穂の世界』に探訪記を寄せている（高橋の原稿は一九六九年「芸術生活」掲載の再録）。

高橋は、一九六九（昭和四十四）年、志代夫人が勤めを辞めたことから、寮を退出し、同じ桃山で普通の家に移転したときに訪問している。高橋の文章は、その数年前に婦人寮へ訪れた時の思い出から書き出される。二月だというのに、やはり足穂は浴衣一枚に裸足であった。

「城趾の崖っぷちに迫って立っているお住まいは四畳と二畳の、いかにも庵を思わせる粗末な建物」で、部屋には小さな机が一つあるきり。机の上には、使い古した広辞苑がのっていた。「原稿用紙は、新聞に入ってくる広告ちらしの裏面に墨で罫を引いたもの。鉛筆は、花かつおの付録の『みんなにこにこおべんきょう』式の丸い絵入り鉛筆だった」。その鉛筆も短くなるまで使い、短くなったのは二十本ぐらい、輪ゴムで束ねてあったという。

こういうとき、あらためて文筆業のコストパフォーマンスの高さに驚かざるを得ない。いくら貧乏絵描きでも、絵具とキャンパス代は必要だ。作曲家でも、ピアノはなくてもギターは必要だろう。何をするにしてもタダというわけにはいかない。ところが、物書きだけは、フロクの鉛筆とちらしの裏を使って、何の不自由もない。

再訪した新しい住居でも、足穂の「無一物」ぶりはまったく変わらなかった。「先生の日常には、入浴費の三十二円を除いては、金銭はもとよりあらゆるものが不必要なのだ」と高橋は改めて感じ入っている。

一九六九年に娘夫婦が住んでいた家に転居するが、七二（昭和四十七）年八月に火事で焼失する。のち、同地に新築された家に再び戻ることになる。火事に遭ったとき、すでに文芸界の名物男となっていた足穂に「週刊朝日」記者が取材に来た。「災難でした」というようなお見舞いを言ったところ、「災難だ？　バカいっちゃいかんよ。これは幸福です、吉兆です。人間の運命は神様が決めるものだ、髪一筋だって人間の意志で動くもんじゃない」と語ったそうだ。これには朝日の記者もたまげただろう。

二年後の「週刊朝日」（一九七四年一月五日号）で、足穂はこんなことを言っている。

「窮乏に耐える精神こそ、真の創造者の証なのである」

一九七五（昭和五十）年十月二十四日、足穂の後半生を支えた妻の志代が死ぬ。看護師で福祉司の妻を失ったことで、足穂は張りを失ったようだ。糖尿病が悪化し、足が不自由となり、ほとんど寝たきりの状態が続く。

そんなとき、訪れたのが作家の萩原葉子。足穂は終日、寝込んだままで窓の外ばかりを眺めていたという。「煙草を吸いながら、また時には読みさしの本から顔を上げて、向かいの青い屋根の上の空を眺めていられるのだ」。

萩原の見るところ、足穂の身辺はますます物がなくなり、本や手紙もいつのまにか片づけられていた。

「ものがあるのは重荷だ。そのものに縛られて不自由になる」と足穂は言う。それを聞いて萩原は「何も持たない自由を守り、それを犯すものを排除するのだろう」と考えた。晩年、出版ラッシュと言っていいほど、著作がひんぱんに刊行され、各種作品集も出るなど、経済的にはずいぶんうるおったはずだが、どん底の貧乏時代と生活はほとんど変わりがなかった。

一九七七（昭和五十二）年十月二十五日の朝、まるで無一文のままのように、稲垣足穂はこの世を去った。

五木寛之——この男もここまでやった！

五木寛之は一九三二（昭和七）年九月三十日、福岡県出身。なんと、石原慎太郎と同じ生年月日だ。二人のいまの権勢を見ると、よほど強い星の下に生まれたのかと思う。

一九六六（昭和四十一）年に『さらば、モスクワ愚連隊』で小説現代新人賞を受賞しデビュー、翌年には『蒼ざめた馬を見よ』で直木賞を受賞。代表作『青春の門』シリーズ「筑豊篇」を出した一九七〇年以後、十年ものあいだ、文壇長者番付の上位に君臨する人気作家だった。新聞雑誌で取材を受けると、掲載される写真をかならず自分で選んだと噂されたほど、ハンサムで女性にもてた。

同時代に活躍し、ライバル視された野坂昭如が病に倒れたのに対し、五木はいまだ現役バリバリ（古書界での評価は、断然野坂に軍配が上がるが）。仏教を自分流に咀嚼した『大河の一滴』ほか一連のエッセイがベストセラーになるなど、その人気は衰えることがない。

神社の床下が寝床

五木は栄えある早稲田中退組（厳密には授業料未払いによる除籍）。一九五二（昭和二十七）年春に上京し、早稲田大学第一文学部露文科に入学する。まだ日本は戦後の匂いを引きずり、誰もが日々を生きるのに精一杯だった。

人気作家の仲間入りをした頃の、一九六七年八月二十八日「週刊文春」で上京当時のことを振りかえっている。

「そのときの格好たるや、何とも奇妙なアンサンブルであった。毛のすり切れたフラノのズボンに、戦前の襟の広い背広の上着。靴は月星印のゴム長、暗緑色の堅い軍用毛布を巻いて二つに折り、ボストンバッグにくりつけてある。所持金およそ三千円」

これは五木にかぎった話ではない。食うのに汲々としている日本人ばかりで、身なりにかまっている余裕はなかった。誰もが等しく貧乏だった。

いまなら考えられないことだが、上京した五木はその晩泊まる場所も下宿も決まっていなかった。以下、植田康夫『白夜の旅人　五木寛之』（大成出版社）によると、とにかく大学を見ておこうと早稲田へ向かう。文学部のある構内に入ったときは、すでにあたりは暗い。理工学部の横に地下へ降りる階段があって、その下で横になることにした。ところが、守衛に見つかり追い出されてしまった。

このあと、大学の近くにある穴八幡神社の社殿の床下へもぐり込む。ここで軍用毛布が役立った。これまで日本でどれぐらいの数の大学入学者を出したか、想像もつかないが、上京して初日に神社の床下で泊まったのは五木寛之だけではないか。しかし、ある夜、床下へ帰ってくると、すでに浮浪者がもぐり込んで寝ていた。五木は彼を追い出したが、翌日、外へ出ようとすると、出入り口の羽目板がコンクリートの用水桶で塞がれていた。五木は床下を掘って脱出したという。まるで映画「大脱走」だ。

このあとも、下宿が決まるまで、西武新宿線沿いにある「田無神社」の床下にもお世話になっている。「青春の門」はあまりに「狭き門」だった。

自分の血がお金になった時代

上京した際のスタイルとして登場した軍用毛布とゴム長の話はほかでも出てくる（エッセイ集『地図のない旅』新潮文庫）。

「私は当時、二畳半の部屋に住んでいた。冬は新聞紙を山ほどかぶってそのなかにもぐり込んで寝ていた。一枚の軍用毛布だけでは冬の寒さを耐えきれなかったのだ。足もとが冷えるので長靴をはいたまま眠り、三回の食事を抜いて、そのあげく自分の血液を売ってわずかな金を得ていた」

「二畳半」という間取りはかなり特殊だが、これも最底辺の下宿だろう。まあ、神社の床下に比べれば天国だ。「自分の血液を売って」という個所は、あとで説明する。

とにかく、親からの仕送りを受け、自分の趣味や遊びのためにアルバイトをして、夏休みには海外旅行へも出かける現代の大学生からは、想像もつかない極貧の世界だ。

『ゴキブリの歌』（集英社文庫）ではこう書かれる。

「私が二十歳のころ、私や私の周囲にいた仲間の学生たちは、例外なく貧しかった。そういう時代だったのである。東京の私立大学に、いわゆる苦学生がごろごろしていた時代がかつてあったのだ。／私たちは外食券食堂と、学生食堂と、コッペパンを売っているスタンドの三角点を周遊しながら辛うじて生きていた。／学生たちは、大半が顔色がさえず、服装も動作も何となく貧乏たらしい感じだった。私たちは部屋代を払うために血を売ったり、外食券を金に換えたり、いろいろ苦心しながらも、何となくやっていた」

また「血を売る」話が出てきた。いまは血液の売り買いは禁止され、街頭の献血もお金が支払われることはない。だが、かつては自分の血が金に換わる時代があったのだ。五木の青春時代をモデルにした『青春の門』にも、金に困った信介が、血を売りに行くシーンがある。あれは著者の体験そのままだった。

「どうにもならなくなると、私はしばしば京成電車に乗って、青砥だったか立石だったか、あの辺の製薬会社に血を売りに行って急場をしのいだ」と『風に吹かれて』(新潮文庫)に書いている。

一九五二(昭和二十七)年、十九歳のときの日記に、一月の収支を計算している箇所があるが、これによると、一月の売血(輸血と書いてある)代は三百六十円。現在の五千から六千円ぐらいだろう。たしかにバカにならない収入だ。

売血の帰り、学校へ行くために上野から高田馬場へ出たが、大学まで歩く元気がない。ふだんはバス代が惜しく、いまの地下鉄東西線で高田馬場から早稲田までのひと駅分、歩いて通ったのだ。学校までのバス代は片道十円、往復だと割引で十五円。それが惜しかった。

その日バスに揺られていると、窓の外を歩いている大学の先生と目が合った。「私はどうにも身のおき所がなくて、もじもじし、もう血を売った日でもバスに乗るのはやめようと考えていた」と言うが、こんな気持ちも、なかなか現代の学生には通じないだろう。

命の綱の「外食券」も換金

もう一つ、いまになってはわからないのが「外食券食堂」という言葉。戦時中、米が配給制となり、町の食堂では「外食券」というものがないと食事にありつけなかった。政府から一日に三食分、「外食券」が配給され、みんなこれで食いつないだのだ。このシステムは戦後もしばらく続く。

ところが、この命の綱たる「外食券」さえ、金に換えるために手放す人がいたのである。「正月の三が日、ほとんどの商店が店をしめているなかで、この簡易食堂だけは休まないでやっていた」。そこでは帰省できない貧しい学生が、ひたすらメシをかき込んでいた。五木は金に困って、この外食券を早稲田大学の学生食堂のレジで売った。

「私たちは外食券を売った金でジャム付きのコッペパンを齧ったり、コロッケをはさんだ食パンを両手で大切にかかえてかぶりついたりして生きていた」(『地図のない旅』)

「両手で大切にかかえて」というところが泣かせる。『ゴキブリの歌』に、「十八年前の日記から」として、ちょうどこの頃(一九五三年)の日記が掲載されている。例えば、先に書かれた正月の二日。この日に使ったお金の内訳は、電車賃二十円、昼食のパンが十五円、映画代二十円の計五十五円。二〇〇〇年代の現在に換算して、十円を百五十円ぐらいと考えていいだろう。外食券を売って、パンでひもじさをごまかして、それでも映画を観にいくというのが、ある意味すごい。

学生時代のすごい話はほかにもある(藤本義一との対談『ケッタイな体談』)。

「ぼくはもう、学生のころなんか、ひどいもんだった。／下宿の便所遠いんですよ。だから毎日、夕刊にクソしてねえ、(笑)学校へ行くときふろしきに包んで、途中で捨ててた(大笑)」

「ひどいもんだった」というが、これはひどすぎる。『地図のない旅』で、著者は自分にこう問うている。

「自分に果して〈青春〉と呼ぶに価いする時代があっただろうか」。その答え。「〈青春〉という言葉につきまとう爽かな感じや、美しいイメージは、私の場合、思い返してみても一向に記憶の底から浮び上ってこないのだ」。

たしかに新聞にクソして、風呂敷に包んで捨てていく話は「美しいイメージ」とはほど遠い。

古本をめぐる勝負

若き五木寛之の貧乏話をあれこれ読んでいて、いちばん好きなのが「古本名勝負物語」（『風に吹かれて』所収）だ。先にも触れたとおり、五木は国電（現・JR）高田馬場駅から、大学のある早稲田までバスを使わず歩いて通学した。その途中には、早稲田古本屋街がある。ここで五木の古本修業が始まった。

戦前の改造社から出た『ゴーリキイ全集』をバラで集めたりした。ときにお金に困ると、古本屋で本を売る。ただし、一定の期限を設けて、それは店頭に出さずに留め置いてもらった。一週間、二週間後にお金を作ってその店へ行くと、売ったときの二割、三割高でまた買い戻せた。つまり、古本を「質」に取ってもらえたわけだ。

早稲田の次は中央線。ここにも沿線に古くから古本屋が集まっていた。高円寺のなじみの店T（おそらく「都丸書店」だろう）に、大事にしていた『ツルゲーネフ選集』

を金に困って売りに行った。ところがあいにくTが休みで、仕方なく、近くの初めて入る店に持ち込んだ。

「考えたより数百円も安く七冊の選集を売らねばならなかった」と書くが、この悔しさは本を売った経験のある者なら、誰でもわかるはずだ。五木は金額の多少より、本が不当な評価をされたことが悔しかった。高田馬場へ出て、なじみの古本屋さんにこの話をする。そこで「今から行って、あれを買いもどしてくる。その上で、改めてあんたに売りたい」と言い、百円札十枚を借り、再び高円寺の古本屋へ。入ってみると、すでにツルゲーネフには売った倍以上の値がついていた。店番の人がさっきと変わり、事情を話したが安くならない。仕方なく、向こうの言い値で買い戻すことになった。手元に残ったのは六十円。

再び高田馬場へ。買い戻したツルゲーネフを前に、「これだけの値段で引取っていいはず」と、紙に値を書いてたたんで古本屋のおやじさんの前に置いた。それはおやじさんが算盤《そろばん》をはじいて出した買い取り額とまったく同じだった。

五木は満足するが、結局本を処分して、手元に残ったのは十円銅貨たった数枚。

後年、五木は作詞家としても活躍するが、「旅びと」というグループのために「七年前の古本屋」という歌を書いている。それは「国電の駅から五分／プラタナス並木の道に／なつかしい店があった／古本屋キリン堂」と歌い出される。

退学するにも金がいる

アルバイトに明け暮れる生活が続き、二年生になったとき、予期せぬ事態にぶつかった。『白夜の旅人　五木寛之』によると、入学した一九五二（昭和二十七）年の一期分しか授業料を納めていないため、新しい学生証がもらえないという。学生証がないとアルバイトができない。急きょ、旅客機の機内食を作るアルバイトを得て、なんとかしのいだ。

卒業の年を迎え、卒論の準備に入ったが、今度は、その年の授業料を納めていないと卒論を受け付けないと言われる。それは容易に払える額ではなかった。事務局から呼び出しを受け、授業料を払わないと在学が認められないと宣告される。五木が休学して働いて、授業料を払うと言うと、休学するにも資格がいり「これまでの授業料を全額払うことと、休学している間は、授業料の半額を納める」よう求められた。仕方なく、「一時退学します。そして、いつか金ができたら、また復学します」と申し出た。しかし事務員が言うには、中退もできない。中退するには、未納の授業料を全額支払うことが必要だった。絶体絶命。

結果、選んだのは「抹籍」。それには金がいらない。

「これで、すべてが終わった」と五木はあきらめた。一九五七年のこと。五木寛之は二十五歳になろうとしていた。

浅沼稲次郎――本当の庶民派政治家とはこういうものだ

十七歳のテロリスト少年に刺殺された庶民派

「浅沼さんのあの愛すべきガラガラ声も、もう聞かれなくなった」

一九六〇（昭和三十五）年十月十三日付「朝日新聞」社説は、そう書いた。前日の日比谷公会堂で、自民・社会・民社三党による立会演説会が開かれている最中、演壇に立った社会党委員長・浅沼稲次郎が刺殺された。刃渡り一尺一寸の短刀で、「人間機関車」と呼ばれた浅沼の大きな身体を二度、突き刺した犯人はまだ十七歳、山口二矢《おとや》という学生服を着た少年だった。

この演説会は、NHKテレビで中継されており、暗殺事件の一部始終がお茶の間に流れ、大きな衝撃を与えた。この「決定的瞬間」を押さえた毎日新聞社カメラマン長尾靖の写真は全世界に配信され、長尾は日本人初のピュリッツアー賞受賞者となる(『昭和――2万日の全記録』第12巻、講談社)。

この浅沼暗殺事件を、若き右翼テロリスト・山口二矢側に焦点を当てて描いたのが沢木耕太郎『テロルの決算』(文春文庫)だ。「万年書記長ともマアマア居士《こじ》とも人間機関車とも呼ばれた浅沼稲次郎が、その政治家としての生涯において終生かわることなく冠せられたのは、『庶民的な』という形容詞だった」と沢木は書く。浅沼の遺体が運ばれたのは、東京都深川の自宅。庶民が住むアパートだった。

二〇〇九年六月三十日付「西日本新聞」が「政界きっての名門出身で資産家として知られる麻生太郎首相と鳩山由紀夫民主党代表」の資産を比べている。気に食わない人は、どうぞ読み飛ばしてください。
「鳩山氏の資産は前回衆院選後の2006年2月公開の報告書で全衆院議員中トップ。昨年の補充報告で預金を上乗せし、資産総額は16億5641万円に膨らんだ。これに対し首相は昨年9月の政権発足時の資産として配偶者や家族分を含め4億5547万円を公表。両氏は今年、補充報告を行わなかったため、現時点で鳩山氏が3倍以上と、水をあけた形だ。

今回の所得報告で、鳩山氏は歳費とは別に年間8400万円、首相は7477万円の株式配当金をそれぞれ計上。庶民には手の届かない『株長者』ぶりも見せつけた。鳩山氏の資産は都内の高級住宅地、大田区田園調布の自宅や預金が中心。資産総額に算入されないブリヂストンなどの保有株式は市価で数十億円に及ぶ。戦後政治の歴史を刻む東京・音羽の旧鳩山邸は母親の安子さん名義のままで、鳩山氏の資産には含まれない。

首相は東京都渋谷区の自宅や長野県軽井沢町の別荘など不動産が総資産の約8割。特に敷地面積約2400平方メートルと広大な自宅は、公開の基準となっている固定資産税の課税標準額で約2億9千万円だが、実勢価格は40億円以上ともいわれる」

いずれもケタはずれの資産で、我々にとっては、広大な敷地を「東京ドーム何個分」と表すのに似て、要するに両者とも見当もつかない金持ち、ということだ。自民も民主もない、金膨れで太った似た者同士と言うしかない。そういう意味では、政権交代したが、大した違いはなかった。

趣味なく、財産なく、ただ世を変えたくて

浅沼が死までの三十年を過ごしたアパートは「すでに買い取りを終え賃貸ではなかったが、政治家の住いとしては例がないほど狭いものだった」(『テロルの決算』)。浅沼が住んだのは東京都江東区白河の同潤会アパート。「同潤会アパート」とは、関東大震災で木造家屋が大量に焼失した教訓から、財団法人「同潤会」の名のもと東京、横浜に建設された鉄筋コンクリートの集合住宅。当初、賃貸だったのが、一九四一(昭和十六)年に「同潤会」解散とともに住人の買い取りとなった。

前出の「朝日新聞」が、浅沼の自宅で行われた通夜の様子を伝えている。

「粗末なブラウスを着たおかみさん、セーター姿の娘さん、タバコを耳にはさんだ老人、白衣を着たままの医者、(中略)大衆政治家の浅沼さんらしく、飾り気のない人

たちの列のつづく風変わりなお通夜風景だった」

『昭和2万日の全記録』には、浅沼の住んだアパートで訃報を掲示板に張り出した風景の写真があるが、築後三十年を経たコンクリートアパートは、モノクロ写真で見ても、かなり老朽化している。掲示板脇では、トラックに野菜を載せて運んできた八百屋の男が立っており、そのまわりに三人、和服、割烹着、買い物籠という寸分たがわぬ同じスタイルの主婦が、掲示板の訃報を見つつ語り合っている様子がうかがえる。

狭いアパートはいつも人だらけ

この浅沼が住むアパートには、始終、大勢の人が詰めかけていた。読売新聞社の政治記者として、浅沼のもとに通い詰めた宮崎吉政によると、浅沼は政治記者たちにも慕われ、宮崎たちは仕事で駆け回った後、酔っぱらって「じゃあ打ち上げで浅沼さんのところへ行こうか」と立ち寄ったという（「東京人」二〇〇二年十一月号）。狭い部屋に多いときには二十人も詰めかけた。「我々がいつまでも帰らないので、奥さんと娘さんは台所で寝ていました」というから、家族は大変だ。

「浅沼は、あらゆるものを犠牲にして、党とともに走った。家庭を犠牲にし、だから妻を犠牲にした。狭い家はいつでも人で溢れ返った。食事の時ですら、誰かがやってきていた。個人の生活などないも同然だった」と『テロルの決算』は書く。

アパートを出て、広い家へ移りなさいと勧める声はもちろんあった。だいいち、江東区のこのアパートは、浅沼の選挙区ではなかった。しかし、「俺の死に場所は、このアパートと決めている」と、転居することはなかった。

「アパート暮し」(「暮しの手帖」一九五六年二月号)という自ら筆を取った随筆では、言い訳のようにこう書く。

「時間のないのと、経済的余裕がないことが原因で、どうにもならぬ。住宅金融公庫を利用すればいいのだろうが、そのヒマもないし、申込んでも、今の状態では、廻って来るかどうかわからない」

さらに浅沼は「趣味も道楽もない」人だった。毎朝四時に起き、新聞をていねいに読んだ後、愛犬を連れて近所を散歩するのが日課。浴衣がけ、下駄ばきスタイルでアパートの前を歩く姿が、一九五五(昭和三十年)十一月撮影の写真に残されている。

よごれた服にボロカバン

「相撲を見ることと甘いものを食べることと位しか愉しみを持たなかった。それもテレビ観戦であり、甘ければ味にこだわらないという程度のものだった」

二〇〇八年十月二十八日の参院外交防衛委員会で、民主党の牧山弘恵議員が、当時の麻生首相にカップ麵一個の値段を質問したことがある。麻生首相は「いま、四百円ぐらい?」と答えて失笑を買った。マンガは読むが、カップ麵は食べないようだ。一国の首相が、いちいちカップ麵の値段まで知らなくていいという意見もあるだろう。しかし、金銭感覚が一般人とは大きくかけ離れていることも事実だ。少なくとも、浅沼なら正解に近い数字を出しただろう。

死の一週間前に、浅沼が花森安治に対して学生時代の自分の心境を語った言葉がある。

「世の中を変えたい。幾分でもいい世の中にしたい、自分がどうなるかはしりません、目的はいい世の中にしたいという……」

そのため、若き日から日本国中を駆け巡って演説をした。一九二六(大正十五)年、日本労農党が結成されたとき、浅沼のことをうたった詩がある。「沼」とは浅沼の愛称。

沼は演説百姓よ
よごれた服にボロカバン
きょう本所の公会堂
あすは京都の辻の寺

和田芳恵――貧乏人こそ長生きが必要だ

人生が作り上げた男の顔

この女性みたいな名前の小説家を、いまや知る人は少ないだろう。一九六三（昭和三十八）年に『塵の中』で直木賞を受賞。しかし、このとき和田は五十七歳になっていた。しかも、それからだって作家として大いに活躍、とはいかなかった。「私は、いま、六十を越えて、自分の過去をかえりみる年配になったが、沈みっぱなしのようなものであったという気しかしない」と自ら書いている。

ようやく作家として円熟し、その仕事に陽があたるのはそれから十一年後のこと。『接木《つぎき》の台』あたりからで、同作が七四（昭和四十九）年に読売文学賞を受賞し、七七年には『暗い流れ』が日本文学大賞を受賞するなど、作家としての名声を得る。ところが、同年に七十一歳で死去。あまりに遅すぎた名声であった。

そのため、和田芳恵の肖像写真はいずれも晩年近くのものが多い。白くなった蓬髪《ほうはつ》に、ぎょろりとした鋭い眼光、額にも頰にも深く皺が刻み込まれ、口はへの字に曲がり、いかにも苦しそうだ。「男の顔には人生が表れる」というが、まさに和田の顔は、彼の苦しい人生が作り上げた顔だった。

修学旅行へは一度も行ったことがない

和田の人生を随筆集『私の内なる作家たち』（中央大学出版部）から、「私の貧乏物語」を中心にダイジェストしていく。和田は一九〇六（明治三十九）年北海道生まれ。

八人兄妹の貧しい家に育つ。小学校四年の頃から新聞配達をして家計を支えた。母親が偉い人で、「貧乏はしても、貧乏くさい人間になるな」と子どもに教えた。昔は貧しくてもこういうすぐれた母親がいた。

和田は学業優秀で、小学校を卒業後、名門の庁立函館商船学校に合格する。しかし、この頃一家は破産状態で、すべて揃えると十四、五円もする教科書が買えない。「貧乏にならされて、勘が働いていた」和田は、上級生からお下がりで安く教科書を譲ってもらうことを考える。かくて一円二十銭で教科書を揃え、しかもそこには、上級生が授業内容の書き込みをしていたせいで、大いに助かった。この手はいまでも使えそう。

というのも、商船学校は訓練が厳しく、ついていけなくなって休学。その後、編入した北海中学校二年のときには、父親が脳血栓で倒れ、一家総出で内職をしなければならなくなる。和田は級長に選ばれるも、ほとんど学校へは通えなくなっていた。自宅で勉強するときに、この書き込み入り教科書が役に立った。とにかく、「学生生活を通じて、一度も修学旅行へ行ったことがない」という少年時代を送った。

転落の始まり

先生方の援助もあり、また北海道の資産家に費用を出してもらい、中央大学に進学する。関東大震災の翌年、晴れて上京。文学をやりたかったのだ。「文学の世界のありがたさは、突きすすんで、どうやら辿りつけば、無駄がかわって無駄ではなくなることではなかろうか」と、この頃のことを述懐する。

一九三一（昭和六）年、どうにか中央大学を出て、文芸出版の雄「新潮社」に入社する。このあたり、貧しい出自の地方出身者としては、成功と言えるだろう。そのまま行けば、の話だが。

雑誌「日の出」の編集など、十年の編集者生活を送った後、社を辞めてしまう。物書きを志したためだ。しかし、すぐに原稿が売れるほど、世の中は甘くない。「月の二十五日になれば、決って月給がもらえたくせが、なかなか抜けなくて、二十五日になると、自然に給料日を思い出し、憂鬱な感じになった」と書いているが、実感がこもっている。

終戦後に、活字に飢えた人々目当ての出版ブームが起こった。一九四八年には約四千を超える出版社が群立し、争うように雑誌や本を世に送る。その機に乗じて、和田も一九四七年に「日本小説」という小説雑誌を創刊させる。創刊号には高見順、丹羽文雄、林房雄、太宰治、林芙美子、関伊之助と、当時人気の作家が目次に並んだ。関伊之助は川口松太郎の変名で、林芙美子はここに代表作『放浪記第三部』を連載し、創刊号七万部はまたたくまに完売した。

しかし、よかったのはここまで。発行元と編集権をめぐってトラブルとなり、独立するもたちまち資金繰りに行き詰まる。高利の借金は雪だるま式に増え、それを解消するために、エロ雑誌を借金で作るも、警察が踏み込み、猥褻《わいせつ》容疑でできたばかりの雑誌を押収していく。これで万事休す。あとは一目散に人生の坂を転がり落ちていく。

「私は、子供のときから、ころげおちたら最後というように、人生の崖っぷちばかりを歩いてきたような気がする」と自分でも言うが、崖から転がり落ちたのはこのときだ。

和田がつくづく悪運に取り付かれている、と思われるのは、例えば「日本小説」に、井上靖から持ち込み原稿があり、これに挿絵がついて、ゲラ刷りが出て校了まで行ったが経営難となり雑誌が出ない。仕方なく、原稿は井上靖の手元へ返した。なんと、これが「文学界」に掲載され、芥川賞の受賞作となる。つまり『闘牛』だ。もし、このとき、うまく資金繰りがつき、『闘牛』が「日本小説」に掲載されていたら、と想像しても仕方がない。要するに運がないのだ。

林芙美子の肌のぬくもりがある千円札

その当時で三百万円以上の借金を抱え、進退きわまる和田をじっと見ていたのが、編集部にいた長島静子だった。のちの和田夫人となる女性だ。

「和田の生活の処し方は、どこか無器用で、お人好しであった。そのうえ、ずぼらで無頓着、何が起きても、なんとかなるさ、と高《たか》を括《くく》っているようなところが窺えた。和田は懐手をして人生の虚無の淵をさまよっているようだった。そんな和田に静子はいつか惹かれた」（大村彦次郎『文壇栄華物語』筑摩書房）。和田には静子夫人と結ばれる前、結核で亡くなった前妻がいて、すでに子どもを二人もうけていた。そんなこぶ付きの中年で、しかも借金だらけの男のところへよく嫁ぐ気になったものだと思うが、男と女の関係は、単純な損得勘定で計れない。

麻布森元町の六畳と三畳の家に、和田は身を隠すように住み始める。この家は、「いろんな家を取りこわした部分で建てた」不思議な家で、和田は玄関を釘付けにして閉じ、上がり口の板の間二畳分を仕事場とした。したがって出入りは裏口から。まるでこそ泥だ。着る物もなく、友人からもらった着物に、細い紐を巻き付けて着ていた。友人は和田より背が低かったため、足元が隠れない。戸籍に記載がなく、配給の食べ物も当たらない。ないないづくしで素うどんばかりを食べ、変名で小説を書いた。ところが原稿料をもらえない。

「私が無籍者の立場で、払わなくても、どこにも訴えることができない弱点を、はじめから計算していたらしかった」というから、なんともひどい。どん底のとき、原稿を出版社に売ってもらうつもりで、林芙美子を訪ねた。つぶれた雑誌「日本小説」で『放浪記』を連載した林とつきあいがあった。

林は酒を飲みながら、自分がいかに苦しい時代を経験しているかを和田を相手に語り、涙を流した。そして、胸元から千円札（いまでいうなら一万円）を一枚抜き出し「ハイ、これ煙草代」と言って和田に渡した。それは「私に気をつかわせない、すばやい渡し方だった。この札には肌のぬくもりが感じられた」。

貧乏をすると、何も言わなくとも人の心を読みとる力が備わるのだ。

ようやく一筋の光が当たる

和田には収入がないから、妻の静子が働きに出て生計を立てた。食卓はなく、板の間に古新聞を広げ、その上に食器を置いて食事をした。あるとき、新聞紙の代わりに、白い花模様のついた水色のビニールが敷いてあった。

「ここで、食事をすると、まるでピクニックに行ったみたい」と、静子夫人が明るく言った。和田は妻から「貧乏と遊びたわむれる」ことを学んだ。また「人間の生活が底をつくと、不思議な安定感」を感じるのだった。もう、ここまで来ると、ほとんど「貧乏名人」の域に達していた。

転機が訪れた。一九五二（昭和二十七）年秋、筑摩書房から『一葉全集』の編集をまかされることになった。無為に生きてきた和田はこれに全身全霊を打ち込む。半年の編集費しかもらえないのに、全七巻を足かけ五年もかけて編集した。筑摩書房の編集長は、全集の担当者に和田のことを説明するとき、「かなりのおばあちゃん」と言った。名前から女だと思ったのである。

毎日、夜明けの五時まで仕事をし、十時頃まで眠り、起きるとまた仕事。食事は一日二回。玄関口の板の間に吸い付くように座り、五年の月日が流れた。一九五六（昭和三十一）年に完成したとき、立ち上がるとそのまま気を失った。「マラソンの選手が力つきて参ったような、ぶざまな恰好」だった。『一葉全集』の置き土産として、最後の一年をかけて執筆した『一葉の日記』が一九五六年に日本芸術院賞を受賞する。『一葉の日記』は「学者の論証もおよばぬ卓抜した評伝である」（大村彦次郎『文壇うたかた物語』筑摩書房）。

林芙美子曰く「昔から日当りの悪い道を歩く羽目になることが、おおい人だったわね」という和田の道に、ようやく一筋の光が当たった瞬間だった。

吉川英治から届いた毛布

和田が『一葉全集』を完成させ、芸術院賞を受賞したお祝いを、編集者仲間が開いてくれた。「なるべく会費をやすく」と頼んだが、場所は東京ステーションホテル。幹事が吉川英治に相談したところ、「期日は七月七日で、わかりやすいように会費は七百円、足りない分は僕が持つよ」と言ってくれた。

和田は吉川英治に会ったとき、『一葉全集』を編集するのが板敷きの仕事場で、「座布団を通して、冬などは寒さが背筋をはいあがってきた」という話をし、心配した近所のお婆さんが、古畳を持ってきてくれたと笑い話のように伝えた。

それから数日後、百貨店から大きな包みが届いた。送り主は吉川英治で、開くと毛布が二枚出てきた。和田は「さっそく、この毛布を掛けて寝たが、先生の暖かい思いやりに、だらしなく涙が流れて仕方なかった」と書いている。

『宮本武蔵』で国民作家となった吉川英治だが、吉川もまた、小学校を中退し、いくつもの職を転々としながら社会の底辺を生きた経験の持ち主だった。

その後、和田は小説を書き続け、直木賞に二回、芥川賞に二回、連続して候補となった。ちょうど、妻の妹夫婦の家が空いたので、そこへ引っ越し、隠れるように住んでいた麻布森元町の家から脱出することができた。

皺は刻まれた人生の証しだ

前述のとおり、和田は一九六三（昭和三十八）年に直木賞を受賞する。本格的評価はさらに遅れ、一九七四年『接木の台』あたりから、というのが定評だ。きっかけは、「朝日新聞」文芸時評を担当していた丸谷才一が、『接木の台』をまるまる一回分を費やして「一種の文学的事件」といってほめたことだ。いずれも老人の性を描いた短編集『抱寝』（河出書房新社）所収の『老木の花』という短編がある。日本画の老画家・深沢八十吉は、「おばこ」という料理店をきりもりする嘉代という寡婦に心を惹かれ、絵のモデルを頼む。

嘉代は白髪の混じる更年期を迎えた女性だった。深沢は嘉代に「あなたの顔の皺が描きたい」と言う。嘉代は当然ながら怒る。それに対し深沢は、こう諭すのだ。

「皺は老年の花なのに……どうして、きらうのだろう。嘉代さん、あなたの皺はみごとですよ」。

こうして和田の人生を追ってきて、改めて和田の晩年の写真を見ると、なんとも見事な皺だと思えてくるのだった。貧乏人こそ長生きをしなくてはいけない。成功者より結論が出るのは遅れるようだから焦ってはならぬ。自殺も禁物だ。ゆっくりと皺を刻みながら、耐えて生きるしかないのだ。

第二章

愉快痛快！　有名人の貧話

赤瀬川原平——「貧乏は発明の母」

いまはどうかわからないが、ある時期まで、美大生というのは、実家が裕福である以外、例外なく貧乏生活を送っている。赤瀬川原平が『ぼくの昔の東京生活』（筑摩書房）のなかで、貧しかった武蔵野美術学校（現・武蔵野美術大学）時代を語る。

赤瀬川は神奈川県出身となっているが、父親の仕事の都合で、あちこち住居を転々としている。少年時代を大分で過ごし、名古屋の高校を卒業して一九五五（昭和三十）年に上京。有名な話だが、赤瀬川はおねしょが治らず、中学三年まで夜ごとふとんを濡らしていた。

「ぼくみたいな弱虫が、高校を出てそのまま上京して、よく生活できたと思う」と赤瀬川は書く。それは「逆説めくが、金がなかったからできた、貧しいからできたわけで、家が裕福だったらできなかったと思う」と言うのだ。貧しいから上京して生活できた、という発想が面白い。

上京したはいいが、二カ月で仕送りが途絶え、以後、アルバイト生活が続く。最初に下宿したのは国分寺で、三人で部屋を借りた。いまなら「ルームシェア」というところだが、そんな聞こえのいいものではない。安い家賃なのに、それでも一人では払えないのだ。しかし、この下宿もいきなり家賃が払えず追い出される。

次いで、隣り駅の武蔵小金井。駅から十五分も歩く下宿を、今度は二人で借りた。六畳一間で五千円。一人当たり三畳間ということになる。二人は、一つの部屋の真ん中にミカン箱を並べて、それを互いの境界線とした。同時にミカン箱（当時は木製）は本箱にも使われた。

「貧乏は嫌だけど、とにかくどたん場まで追いつめられる。そこでやっと、火事場の馬鹿力じゃないけど、自活する力が出てくる」と赤瀬川は書く。「家が裕福だったらできなかった」とは、おそらくこのことを指すのだろう。

「貧乏は発明の母だ」という名言が、その貧乏のどん底から出てくる。いつもつるんでいる三人組で、三鷹の名曲喫茶「第九」（正式には「第九茶房」）へ出かける。当時、音楽を聞くのに、レコードは高かったから、こうした名曲喫茶へ出かけていくしかなかった。ほんとうは、もっとしょっちゅう行きたいのだが、コーヒー代五十円が払えない。現在の五百円ぐらいか。

そこで「貧乏は発明の母」だ。メニューにトースト三十円、がある。これは四つ切りにしてある。

「ある日決心をして、三人でテーブルにつき、ウエイトレスに、／『トースト一つ』／と注文した」

三人が一つずつではない。三人で一つ、だ。しかもコーヒーは抜き、これにはウエイトレスも驚いたろう。しかし、とにかく四つ切りのトーストは運ばれてきて、一枚ずつ分け合って食べる。三人だから、一枚が余る。これをゆずり合う、というのだからなんとも麗しい。たぶん、この四分の一トーストは、一枚全部食べるよりおいしかっただろう。

岸部四郎――「二万円で金縛り」

「ぼくの部屋をはじめて訪れた人は、たいてい怪訝な顔をする。古本、大小の旅行鞄、ミッキーマウスやビートルズ、ブリキの戦車、戦艦、バス、版画や油絵、ギター、形の変わったランプ、李朝の筆筒や螺鈿《らでん》の箱、その他さまざまなモノたちがひしめき合っているからだ」

この文章を読んで、書き手が誰だかおわかりだろうか。この人物、古本の世界でも夏目漱石、芥川龍之介や永井荷風の初版本などを集めていて、荷風の私家版を「ぼくが探していたころは五〇万円ぐらいで手に入ったが、いまは一〇〇万円、お店によっては二〇〇万円というところもある」と書いている。

じらしても仕方がない。岸部四郎が一九九六年に出した『岸部のアルバム――「物」と四郎の半世紀』（夏目書房）からである。いま「半世記」と打って「反省記」とパソコンは表示したが、いまではこっちの方が似合っている。岸部四郎のこれが最盛期。このわずか二年後の九八年に四億ともいわれる負債を抱えて自己破産する。

岸部四郎のブログ「岸部シローの四郎マンション」（現在は中止、ブログは、のちに『いまさらシロ〜』として書籍化）を読むと、二〇〇九年七月二十三日で、「やっぱり、ひとりはひとりなんだよ」と始まる。同年五月二十八日では、「半月、ほとんど働いていないので、／また貧乏暮らしです」が最初の言葉。十年で急降下の人生だ。

知らない人がいるかもしれないから教えておくが、岸部四郎（当時、シロー）は、GSで一番人気のあった元タイガースのメンバーだ。メンバーが一人抜けたので、兄のサリー（のちに俳優・岸部一徳）が、アメリカにいたシローを急きょ呼び寄せた。シローはギター担当だったが、ギターが弾けなくて、最初は弾く真似だけしていた、という逸話もある。

タイガースは七一（昭和四十六）年に解散。シローは音楽活動とともに俳優もするようになり、ドラマ「西遊記」の沙悟浄役で人気を博す。八五年に日本テレビ系列の朝のワイドショー「ルックルックこんにちは」の司会に抜擢され、九八年の降板まで務めた。全盛期、年収は二億円。家賃百七十万円のマンションに住み、千三百万円のポルシェを現金で買い、最初に触れた古本や書画、骨董を買いあさっていた。この浪費癖と、連帯保証人による借金で自己破産を招く。二〇〇三年には脳内出血で倒れ、〇七年には再婚した最愛の妻を病気で亡くす。二億円あった年収が一挙、三百万円まで落ち込んだ。「週刊現代」（二〇〇八年二月十六日号）のインタビューに答えて、窮乏生活と身のはかなさを訴えている。

その年の正月、甥っ子四人にシローがお年玉をあげる。最初、三千円ずつでいいと思ったが、それでは少ないと反論にあい、五千円に値上げする。四人で二万円の出費だ。

「その後、寝ていたら、もうスゴイ金縛りにあいました」とシロー。

五十万円の古本を安いと思って買っていた人物が、十二年後には、二万円で金縛りにあう。

いま、シローが面白い。

二〇十三年十二月三日に、ザ・タイガースは、オリジナルメンバーが全員集結し、全国で復活コンサート・ツアーが開催された。岸部シローは、コンサートの途中、車椅子で登場。たどたどしく「イエスタデイ」を歌った後、「本当はもっと上手なんですが……」とつぶやき、笑わせた。

西原理恵子――「どうしたら稼げるか?」で道は拓ける

いまや『毎日かあさん』がアニメ化され、「さくらももこの後を狙う」と豪語する西原理恵子は、「貧乏は病気だ。それは、どうあがいても治らない、不治の病だ」の名言を残している。貧乏山脈とでもいうべき、家庭の貧乏、若き日の貧乏、友達も貧乏と、しこたま貧乏話を抱えている。

西原がYA(ヤングアダルト)向けに書き下ろした『この世でいちばん大事な「カネ」の話』(理論社)は、これまでの人生を「カネ」を中心に語って読ませる。

西原は一九六四(昭和三十九)年高知県生まれ。いわゆる田舎町に育ち、「貧富の差がなかったから、いわゆる『貧乏人』がいなかった」と書くが、これは町民のほとんどが貧乏人だった、という意味である。

三歳のときにアル中の実父がドブにはまって死ぬという壮絶な人生の始まりを経験している。その後、母親は再婚を繰り返すが、ろくでなしの男をつかむ術を知っているらしく、「カネ」に苦労させられる。再婚した男が羽振りのいい時期もあり、西原は私立中学へ通う。このときは、まわりから金持ちと思われていた。高三のときにある騒動が持ち上がり退学、大検に合格し大学受験するその日に、義父が首を吊って自殺する。母親の男運のなさは、ある意味、娘も受け継いでいる。

美大受験の予備校へ通うため十九歳で上京するが、母親から受ける仕送りは月七万円。家賃と光熱費と食費とでほとんど消えた。武蔵野美術大学に合格するが、アルバイト生活が続き、ミニスカパブのお姉ちゃんもやった。

ところで、武蔵美《ムサビ》からは、西原理恵子始め、赤瀬川原平、村上龍、吉田秋生、くらもちふさこ、みうらじゅん、リリー・フランキー、大田垣晴子、あるいはスピッツの草野マサムネほか、大量の著名人を輩出、その多くがムサビ時代の貧乏話を書き残している。

というのも西原が書いているが、絵具のチューブは、一本千円以上。キャンバスも高いのは一万円ぐらいする。また、キャンバスに絵を描くのには下地を塗るのだが、これですでに二、三千円かかる。絵を描くのはおカネがかかるのだ。美大へ通うということは、よほど裕福な家庭の子弟でない限り、貧乏生活が約束されている。

西原は一人暮らしを始めて「人間って生きてるだけでもこんなにお金がかかる」ことを知る。あとは、どう生活を切り詰めるかが勝負となる。

「真冬でもこたつもストーブはつけないで、部屋でも厚着して着ぶくれしていたもんよ」という生活だ。そこで考えたのが、「一食二百八十円以上のものは食べない」という自戒だ。二百八十円は当時の「のり弁」の値段。これをすべての基準とする。友達にコーヒー（二百五十円）を誘われても、「冗談じゃない」と断る。

以後、生活の折々に「何かするのに、お金がいると『これって、のり弁に換算すると何個分だろう？』」と考えるようになった。つまり「のり弁」が「貨幣の単位」となる。五百円するものは「二のり弁」だし、三千円近くするものは「十のり弁」という具合に。こうなると「百円、二百円のありがたみがぜんぜんちがってきた」と西原は言う。ちなみに、二〇一四年五月現在、「ほっともっと」の〝のり弁〟は三百二十円。物価上昇率からすると、だんぜん安い！

一人暮らしから学ぶものは多い。だから若者は、十八になったら、あるいは成人したら一人もれなく家から放り出して、一人暮らしの苦労をさせるべきなのである。

西原が立川美術学院（タチビ）に通っているときからの友人、共著もあるライターのゲッツ板谷と『たのしい中央線』（太田出版）のなかで対談している。板谷は立川市生まれだが、高校から暴走族であばれまくり、末はヤクザと目されていた。西原の紹介でパチンコ雑誌に文章を書くようになり、ライターの道に入る。まあ、ライターもスーツを着たビジネスマンからすれば、「ヤクザ」みたいなものだが……。

西原が一人暮らししているとき、よく板谷が、家の米や魚肉ソーセージを半分（！）、持ってきてくれたりしたらしい。ときに、板谷家へお呼ばれに行ったときのこと。「みんなで一緒にごはん食べて。でも、ビックリしたのが板谷くん家のカレー、竹輪が入ってるんだよね」

「最悪ですよ」と板谷。

私も京都の学生時代、仲間の宴会で、思いっきり安いコースを頼んだところ、すき焼きに大量のモヤシが入っていたことがある。肉はほんの少し。

板谷家は「洗濯物が周りに沢山畳んであって。お父さんがその辺に寝転がってるような」（西原）家だった。「二つしか部屋がなくて。一つは食堂であり、居間であり、夜になると親父の寝室になる。もう一つの部屋で親父以外の家族四人が寝てたんですよ。勉強机が二つあるんですけど、そこに四人が寝るから、机の下に頭突っ込んで寝ないといけなくて」（板谷）。ほとんどタコ部屋状態だ。

西原が板谷家で遅くまで飲んでいたら、家族が居心地悪そうにしている。なぜかと言うと西原が帰らないとふとんが敷けなかったから。貧乏な家に、他人を安息させる居住空間の余裕などないのだ。「貧乏ヒマなし」ならぬ「貧乏居間なし」。

この板谷の師匠格であり、西原と一緒にコンビを組んでパチンコ本を出す山崎一夫は、西原のギャンブルの師匠でもある。西原は山崎に仕込まれて、十年間で五千万円をスッたと言っている。山崎もまた西原と同じ高知の出身だが、親の顔も知らない子どもだった。「ものすごく貧しい山の中で育っているから『ない』ことに慣れている」という。「ある」ということを知ると、「ない」ということがわかるが、最初から「ない」と、それがあたりまえ。哲学的ですねえ。

この山崎は、駒沢大学を受験するために上京するのだが、所持金は受験料の四万円だけ。仕方なく高知から東京まで歩いた（大阪から東京まで、でも約五百キロ）。大学に受かってからもしばらくホームレス生活をしていた。

この三人に共通するのは悲惨な生い立ち、若い日の苦闘を経て、それぞれの道を見つけ成功していることである。『「カネ」の話』のなかで、西原はこんなことを書いている。

「『どうしたら夢がかなうか？』って考えると、ぜんぶを諦めてしまいそうになるけど、そうじゃなくって『どうしたらそれで稼げるか？』って考えてみてごらん。

そうすると、必ず、次の一手が見えてくるものなんだよ」

西原もイラストレーターになるために、大学時代から出版社への持ち込みを続け、やっともらったエロ漫画の下請け仕事で、結局ギャラをもらえないといった屈辱も経験している。そのなかで学んだのが、「夢」という抽象的なことではなく、具体的に「カネ」（どうやって稼ぐか）を考えるところから道が拓けるということだった。

吉田拓郎――機械の前座で「マークⅡ」を歌う

あの吉田拓郎が、デビュー当時、ビンボー生活をしていたというのもあまり知られていないだろう。山本コウタロー『誰も知らなかったよしだ拓郎』（八曜社）を読むと、プロを目指し、拓郎が上京してくるのが一九七〇（昭和四十五）年春。拓郎の初期のレコードを作るエレック・レコードに入社するが、永野社長以下、浅沼専務など社員四人の小さな会社だった。拓郎は契約社員扱いで月給は五万円（大卒公務員の初任給が当時、三万六千円ぐらい）。しかし、まだ無名の一歌手で、仕事もない。

「とにかくヒマ人倶楽部の代表取締役みたいなものだったから、あとは連日ラーメンを食べながら、レコードの荷作りや運搬の手伝いをしたり、電話交換手業に精をだしたり、そんなことをやっても、まだおっつかないくらいヒマだったよ」と拓郎。しかし、浅沼は拓郎の持つ力を信じていた。当時、アマチュアの登竜門で、浅沼が審査員をしていたヤマハのライト・ミュージック・コンテストのゲストに拓郎を起用してもらう。これで、全国十七カ所を回り、顔を売ることができると考えた。

ただし、ノーギャラ。エレックも赤字続きで金が出せない。審査員にもらえたグリーン車のキップを払い戻し、「普通乗車券二枚にかえて二人で行ったり、新潟くらいの距離だと、宿泊費がもったいないというんで夜行で帰ってきたりね」という浅沼の証言がある。

七〇年十月、ついに拓郎個人による最初のアルバム「青春の詩」が出たが、マスコミからは黙殺された。残された手段は、全国コンサート・ツアーだが、それほどの人気も資金もなかった。そこで取った手が、また便乗商法だ。

パイオニアがステレオの新製品の全国キャンペーンに出るというので、そのアトラクションで拓郎が歌うことになった。拓郎は笑いながら言う。

「いってみれば、主演スターはステレオという機械で、俺は機械の前座よ。イヤ、ほんと外タレの前座なんてのはよくきくけど、機械の前座をやってたなんていうのは俺くらいじゃない……」

ビートルズ来日の武道館公演で、ザ・ドリフターズが前座を務めたというのは有名な話だが、たしかに「機械の前座」は聞いたことがない。

七一年二月の紀伊國屋ホールから、拓郎のマンスリー・コンサートが各所で行われる。「雪」「こうき心」などがラジオの電波に乗るようになり、拓郎の名前が徐々に浸透していくに連れ、ファンも増えていく。いずれも五百人規模の会場だったが、満員の盛況だったという。特に、それまでフォークコンサートへ来なかった女子中・高生が大挙して押し寄せた。

このコンサートの第三回で結成されたのが、田辺和宏（ギター）、井口よしのり（ベース）によるミニバンド。拓郎は「これまで一緒にやったバックバンドの中でも一番

「よしだたくろう・オン・ステージ!! ともだち」
(ワーナーミュージック・ジャパン)

気に入っているバンドだ」と絶賛するが、それは技術より、「ステージを楽しくやれる人間」という意味だったらしい。

拓郎が当時暮らしていた高円寺のアパート（妙法寺近くの「堀の内ハウジング」）で、このミニバンドの合宿が夜な夜な開かれていた。その練習風景がメンバーの田辺により報告されている。

「エレキ・ギターとベースギターは、何と8Wのアンプにつっ込んで、ボリューム10Wで練習しはじめるのである。ベースギターのボコボコという音を聞きながら、拓ちゃんが歌い出すのです。真剣に『麦わら帽子はもう消えた～』そして、一文の価値もないようなくだらないシャレを三人で言い合いながら。もうこの風景ったら、絶対にミュージシャンとは言い難いのです。こうなると町のチンドン屋の練習です」

拓郎はこのとき、すでにレコード会社と契約してLPを出し、前出の紀伊國屋ホール、新宿安田生命ホール、厚生年金会館ホールでコンサートを開くプロだったのだが、練習は自宅アパートの一室で、しかもボーカルもギターもベースも同じアンプというひどさ。

拓郎自身がラジオ（「オールナイト・ニッポン」）で、このときのことを懐かしそうに「もう、音が一緒にグッチャグチャに出てきて、ひどいんだよ」と話していたが、それはじつに楽しそうでもあった。彼らのごちそうは「ボン・カレー」と「アジの開き」。いまやアマチュアでも、いい楽器に、いい機材を揃え、スタジオを借りて練習する時代。あまりに恵まれていて、想像もつかない世界だろう。このミニバンドの音は、二枚目のアルバム「よしだたくろう・オン・ステージ‼ ともだち」で聴くことができる。

井上陽水――長者番付常連も電車賃のない生活を

拓郎とくれば井上陽水の話もしておきたい。野球界では長嶋と言えば王、落語界では志ん生と言えば文楽、というようなものである。異論は却下する。

井上陽水といえば、一九七三年十二月に発売されたアルバム「氷の世界」が、日本で初の、LPにおけるミリオンセラーとなり、一九七五年から三年続けて、長者番付の歌手部門で一位に輝いている。まぎれもない成功者だが、その数年前までは、電車賃もない貧乏生活をしていた。

陽水は一九四八年福岡県嘉穂郡幸袋町(現・飯塚市幸袋地区)生まれ。父親は歯科医だった。父親の跡を継ぐべく、九州医科大を受験するも三度失敗。医者を諦め、歌手になるため上京。一九六九年のことだ。

最初、アンドレ・カンドレというおかしな芸名で、シングル「カンドレ・マンドレ」でデビューするという冗談のような出発だった。所属はホリ・プロ。その後、二枚のシングルを出すも不発。中野区南台の四畳半一間、風呂なしアパートで、じっと窮乏生活に耐えていた。その頃の話を、南こうせつ相手に楽しそうに語っている(南こうせつ『愛の塩焼き』）。

アンドレ・カンドレの名前でキャバレー回りをしていたが、歌うのはビートルズの曲で酔客は誰も聞かない。演歌のヒット曲「目無い千鳥」を歌え、などとやじられる日々。楽しみは、店で出される食事にありつけること。「ぼくは金もなかったし、アレだけが楽しみだったもの」と言う。

しかし、税金の心配をするようになった今もこう思うのだ。

「でも昔の苦労を味わいたい時ってない？　例えば、昔は一万円くらい手に入ると、『ああ、これで一カ月楽勝だ』（笑）」と語るのも、一億円以上を納税できる身分になった余裕か。

貧乏話はさらに続く。

「お金が全然なくてさ、どうしようかと困ってる時、ズボンのポケットや畳の間から百円玉を発見してさ……すごい嬉しかったことってない？」

あるいは、一円玉だけをかき集めて、バスに乗ったこともある。三十枚を運賃箱に投入するとき、運転手が嫌な顔をしたという。電車賃の三十円がなくて苦労した話も（地下鉄の初乗り運賃が、一九七二年に四十円に値上がり、それまでは三十円だった）。

「近くに酒屋があっていつも店の脇にコーラの空ビンが置いてあったのよ。それを3本ヒョイと抱えてさ、その酒屋で三十円調達してたもんね（笑）それも年中」

昔、ビールやコーラ、あるいはプラッシーという酒屋専売のオレンジドリンクなど、飲んだ後、空いたビンを持っていくと十円返金される制度があった。一九七〇年代初頭の十円には、いまの四十円程度の実力があった。なにしろ、木村屋のあんぱんが三十円で買えた時代なのだ。

空きビンの換金制度を悪用する手口は、けっこう覚えのある人も多いのではないか。しかし、多くは他の店に置いてあるビンを、別の店へ持っていくのが普通で（いや、普通ではないが）、同じ店で循環させるのはかなりあくどい。あくどいぞ、陽水。

「傘がない」と、都会で生活する若者の孤独を謳いあげた陽水だったが、じつは傘の前に「金がない」だったのだ。傘があったとしても、金がなければ、「君に会いに」行けないのだから。

一九七二年にポリドールから、井上陽水として「人生が二度あれば」で再デビュー。翌年の「夢の中へ」のヒットで、ようやく空きビンを換金する生活から抜け出した。いつのまにか、井上陽水の時代になっていたのである。

得能史子——「貧乏に気づかなかった」

自らの貧乏生活をユーモラスかつリアルに漫画にしてヒットした『まんねん貧乏』（ポプラ社）の著者が得能史子。一九六八年、東京生まれで武蔵野美術大学油絵科卒。学生時代から、ずっとアルバイト生活を続け、卒業後もバイトと無職の繰り返しだったという。

「週刊現代」（二〇〇八年二月十六日号）の記事によると、得能は当時三十九歳。二年前まで本業の年収十九万円。月収ではない。年収だ！　現在はパートナーがいるが、家賃四万円のアパートに長く一人暮らしをしていた。

「ある朝、目が痛くて起きたら、部屋中から鼻の穴まで真っ黒になっていました」。なにがあったのか？　どうも友達からもらった石油ストーブが不完全燃焼を起こし、真っ黒い煙を吐き続けていたらしい。ボロアパートのため、すきま風が多く、それで一酸化炭素中毒を免れた。気密性の高い高級マンションだったら、イチコロだった。

貧乏はときに命も救う。

そんな彼女の理想の男性は「夏場にエアコンを使わない」人。一度、知り合いに高級ステーキをおごってもらったら、肉を食いつけていないため、五分で腹をこわしたという。

「女性セブン」(二〇〇八年一月十日号)のインタビューも当然、貧乏ネタだ。単行本『まんねん貧乏』の企画の際、最初は内容が決まっておらず、編集者に「貧乏の話で行きましょう」と言われて、「初めて自分が貧乏なことに気がつきました」というからなんだかすごい。二十八歳からの七年間は部屋にテレビもなかった。おにぎり一個を二十分もかけて食べるのは「時間をかけて食べた方が胃の中で膨らむ」から。物欲がほとんどなく、携帯電話も〇一年十二月に初めて買ったのをそのまま使っている。充電機能が落ち、一分間の通話が限界……と、貧乏ネタ炸裂だ。

群ようこ――税金ビンボウ

十年以上前のこと、文庫を持つ各出版社が催す夏期恒例の「夏の文庫一〇〇冊」みたいな企画を取材したとき、「正直言えば、群ようこさんを十冊ぐらい並べたいですよ」と某社の担当者がもらしたことがある。漱石、鷗外から現代作家まで、まんべんなく網羅しなくてはならないが、売れることだけ考えれば、絶対人気の群ようこを十冊並べた方が経済的効率はいい、という話であった。

一九九八年度の作家の長者番付を見ると、群ようこは十一位。所得は一億一九〇〇万円、所得税は五三五七万円。十三位が渡辺淳一、十五位が椎名誠（「本の雑誌」時代の群の上司）だから、群がいかに人気作家だったかがわかる。

ところが、翌年の九九年に「新潮45」十一月号に掲載されたエッセイの書き出しは「私は今、とっても貧乏である」だ。冗談じゃないよ、と本当に「貧乏」な人は怒りたくなるだろう。しかし、日本の税制はそういうふうにできているのだ。一度、ガバッと稼げば、その後も同じぐらい稼ぎ続けなければいけない。

群は九九年度の番付リスト上位二十位からは洩れるが、それまでの数年、常連として名前が挙がっていた。そのため、「やたらと儲かっているように勘違いされている」が、それが大間違いだというのだ。

「収入が今の十分の一くらいのときのほうが、ずっと生活に潤いもあったし、精神的に落ち着いていたような気がする」

ちなみに群は一九五四（昭和二十九）年生まれで、いまだに独身を通している（はず）。「収入が今の十分の一」となると一千万円強。それを三十前後だと推定して、たしかに独身で年収が一千万円強あれば、かなり楽しい生活ができるだろう。

貧乏となった発端は、群とは別に暮らす母と弟が、家を建てると言い出したことだった。それまでにも、家を建てる資金として、毎年、サラリーマンをしている弟の口座に決まった額を振り込んでいた。

ところが、急に土地探しを始め、八十坪もの土地を買った。弟は「お金、いくら出せる？　二カ月後にいるんだけど」と電話をかけてきた。群は怒った。「突然、いくら出せると聞かれても、税金のために取ってあるお金しかないので、急にほいほい出せるような金はない！」

するとと今度は母の泣き落とし。ついに「税金のためによけておいた二千万円」が消えていく。

「二人はまるで私を金袋のように思っていた」と群は書くが、まさにそのとおりで、「家が建ったあとも、毎年振り込んでいたお金を弟が欲しいといい出したので断った」という。母親にはそれまで毎月五十万円の小遣いと、別に旅行、着物、宝飾品とマンション一軒分くらいの金額を払っていた。「家が建って九二年になるが、一度も実家には行っていない。きっと見たら怒りに燃えて、火をつけるに違いないからである」とまで書く。たぶん親姉弟関係、これでめちゃくちゃだ。それを覚悟で群は書いている。急に金持ちになるとこわい。

それから税金の話。前述のとおり、群は九〇年代後半、毎年のように五、六千万円の国税と区民税を払っている。「これは私の手元に残る金額よりはるかに多い。これ以外に源泉徴収もされているから、いったいいくら横取りすれば気が済むのかといいたくなる」となるのも無理はない。いまの税制では、収入が一億円を超えると、だいたい半分は税金でもっていかれるようになっている。低所得者や、毎月自動的に給料からさっぴかれているサラリーマンなどからすると、「ざまあみろ。それでも五千万円残るじゃないか。もっと取ってやってもいいくらい」と思うかもしれないが、群のように、金を持つ者のところには群がるアリがいる。また、収入に見合った支出があるものだ。後輩の同業者と飲食すれば、どうしたって群が勘定を持つことになる等々。

事務所を作るか、よほど信頼できる税理士をつけるかしないと、物書きはだいたい苦手な金策に追われることになる。群は「税金対策」を絶対したくない、という。「こちらが小細工をして、弱みを握られたくないからだった」がその理由で、これはよくわかる。例えば私は一番よかった年で、群の十分の一ぐらいの年収があり、税金対策をまったくしていない。だから悪くなった年は、よかった去年の税金を払うために借金をした。レベルは比較にならないが、まったく他人事ではないのである。

群は、区民税一期分の約四百万円を支払うのに、初めて質屋へ行く。「カルティエのブレスレット、指輪などを売って八十五万円を作り、定額貯金、保険をすべて解約して何とか支払った」。

ところがこれで済まない。区民税の二倍近い予定納税が口座の残金不足で引き落とせず、督促状が来た。すぐに税理士に相談し、二か月後には支払える旨、税務署に話すと「二か月以上、遅れるのだったらば、担保を出せ」と言ったというのだ。これには群も税理士も激怒した。

これまで税金の支払いを滞ったことがない。その実績を税理士が告げたが、税務署側は「去年まではそうだったけど、今年は払ってない」の一言。しかも、「差し押さえ予告状」が送られてきた。これはひどすぎると、税理士を連れて、群は税務署に直接乗り込む。結果は変わらないが、窓口の担当者は群に詫びたようだ。持たぬ者は持つ者をただひたすら妬み、失敗すると喜ぶが、持つ者には、持っただけの悩みや苦しみもある、ということだ。群は持ったばかりに親子関係までこわれてしまった。

「最近では三年間持つという、洗って再利用できる生理用品まで使って、若い娘っこや一般のＯＬよりも細々と暮していているというのに、どうして国からこんな仕打ちを受けなければならないのだろうか」

そこまで書くか、としみったれた話のどこまでを信じていいかわからないが、群の達した結論は、「仕事をしないこと」だ。仕事がなくて困っている同業者には、これまた皮肉にしか聞こえないのだが。

祝々亭舶伝――こうなると貧乏も人助け

芸人に貧乏話はつきもので、挙げ出したらそれだけで一冊になってしまう。貧乏話を一種の自慢話にしてしまうようなところがある。それで、芸人が集まれば、けっこう貧乏話で盛り上がるが、そんな仲間もあぜんとさせるのは、この祝々亭舶伝《しゆくしゆくていはくでん》（一九三六年生まれ、二〇〇八年没）。

吉川潮の『芸人奇行録』（白夜書房）に「究極の貧乏」として取り上げられた。

私の記憶では、舶伝はメガネ、特異な髪型、出っ歯気味のムダに明るい芸風で、いつも色つきの派手な着物で登場していた。以下、吉川潮の著作から。

上方落語の三代目・桂春団治を師とし、福団治（のち春輔《はるすけ》）を名乗るが、福団治時代の話、師匠の春団治が胃の手術で入院中、洗剤を持って見舞いに行き、「師匠、これで胃ィ洗うとくんなはれ」と言って、その場で破門を言い渡された。

春輔時代は、新作で売り出し、飛んだり跳ねたりの激しい高座で、ムチ打ちになって医者へ行く。医者に交通事故かと聞かれ、「落語やっとってムチ打ちに」と答えたら、「どんな落語やねん」と不思議がられた。

後輩が二人いる楽屋で、三杯のうどんを注文。当然ごちそうしてくれると後輩は思ったが、春輔は三杯のうどんを指差し「これが、ゴハンで、これがおかず、これが味噌汁の代わりや」と言って、三杯の素うどんを交互に食べたという。大阪では、うどんをおかずにごはんを食べる習慣があるが、トリプルは珍しい。

家は親の代からの借家で、ゆがんだ畳は座ると必ずこける。階段は何段も踏み抜いたままで放置してあるので、子どもがよく怪我をした。天井板ははげてぶら下がっている、という恐ろしい家。ゴキブリに餌をやって飼っているという噂もある。このあたり、かなり脚色があると思われる。誇張が暴走し、貧乏をギャグにしてしまったわけだ。

東成区の税務署でも低額所得者で有名。毎年申告する年収が三十万円前後で、その場で税務署員が同情して源泉徴収を還付返金してくれる。生活費は奥さんがスーパーのパートに出て、やりくりしている。奥さんが生活費を稼ぎ出すかたちで、なんとか生存している芸人はほかにも無数にいる。

そんな一家の貧乏ぶりが、テレビのワイドショーで取り上げられた。「がんばってください」という反響がすごかったという。なかに「一家五人、路頭に迷い、死のうと思っていたが、テレビで春輔を見て自分たちより貧乏なのにがんばっている姿を見て、勇気づけられた」という手紙が来た。「こうなると貧乏も人助けだ」と吉川は書いている。

こうして見ると、貧乏そのものを悲観したり、世の中を呪ったりすると負けで、いかにそこから生きる知恵を見いだすか、笑い飛ばせるかで人生が変わってくることがわかるのだ。

明石家さんま――島田紳助にブタや牛呼ばわりされた

たけし、タモリと並んで「ビッグ3」と称せられた、笑いの天才・明石家さんまにも、当然ながら売れない時代があって、さんざん苦労をしている。

さんまの師匠は落語家の笑福亭松之助《まつのすけ》。高三のときに入門を許され、師匠の家に住み込んで修業が始まる。ところが、半年もしないうちに女性問題で落語家を辞めてしまう。関西にはいられず、全財産の十三万円を抱えて上京。新小岩の四畳半・家賃八千円のボロアパートに住む。

このアパート、友達から「イカ部屋」と呼ばれていた。「タコ部屋よりちょっとマシ」という意味だったらしい。家具も、洗面道具もなく、おまけにふとんもなかった。季節は真冬。仕方なく、タオルケットにくるまって押し入れで眠った。

パチンコの稼ぎでなんとか暮らしていたが、負けて一銭も持たない日もあった。二日間、何も食べずにボーッとしていたら、パチンコで取った景品の角砂糖に目が止まった。さんまは思った。

「まるでクマや。曲芸のクマと同じじゃ。ウロウロして角砂糖……」

結局、さんまは大阪へ戻る。顔を合わせられる義理ではなかったが、なんば花月で師匠の出て来るところを待って、声をかけた。「師匠！」。ここで松之助が偉いのは、「何もいうな、ついてこい！」と、ラーメン屋へ連れて行った、というのだ。そこはさんまが弟子入りして、師匠と初めて食事をした店だった。貧しい時ほど恩情が身に沁みる。こうして無事、復帰となった。

大阪に帰って住んだのは甲子園。野球場で有名だが、じつは阪神間における高級住宅地。その一等地で、またもや四畳半、八千円のアパートに住んだ。天井から下がる裸電球がわびしくて、ちょうちんを買ってきて電球につけた。二日目の夜、天井からパチパチと火花が散る。線香花火みたいできれいやなあ、と眺めていたら、ちょうちんと電球が胸の上に落ちてきた。漏電だったのだ。それからは電球なしの、スタンドだけの生活になった。

水道が止まらず、夜中にピチャン、ピチャンと水が漏れる。ソケットのないコードだけがぶらさがる部屋。タオルには苔が生え、カーテンなしの窓は閉まらない。悲惨な部屋だった。

あるとき、芸人仲間の島田紳助が留守の部屋に遊びに来た。さんまの帰るのが遅く、置き手紙を残して帰った。そこにはこう書いてあった。

「さんまへ。俺はな、友だちとしてこのアパートへ泊まりたいが、人間として帰る。俺はブタや牛ではない。俺は人間として帰るのやから、悪く思わんでほしい」

すべて、明石家さんまの自叙伝『ビッグな気分　いくつもの夜を超えて』（集英社）に書かれていた話だ。過去のどんな貧乏話も、ネタとして笑いに変えてしまうのが、いかにもさんまらしい。

逆に言えば、笑いに変えない限り、他人に自分の貧乏話をしてはいけない。そこには貧乏話を笑いに変換する〝センス〟が求められる。

相場師・畠中平八——「人間生まれたとき、おヘソひとつ」

一九二〇（大正九）年に大阪で生まれ、戦前戦後の株の世界で、独特の相場勘を生かして成功した大阪の名物男・畠中平八の話が面白い（清水一行『相場師』のモデルにもなった）。藤本義一対談集『ケッタイな体談』から、抜粋して紹介する。

そんな相場の天才が、一九六〇（昭和三十五）年に証券会社社長まで上り詰めた。ところが証券不況のあおりを受け、六五年に社長の座を失い挫折する。二年後には証券界にカムバック。六九年には岩井証券の社長となる。これが、いちおうのプロフィール。

畠中という人物が計り知れない大きさを持っていると思えるのは、一九四八年に、戦後の闇で儲けた二百万円をつぎ込み、山梨県の隠れ埋蔵金の発掘に手を出すことだ。もし、発見されれば、三兆五千億円の儲けといわれた。公務員の初任給が四千八百円の時代に、これは天文学的数字だ。ところが、掘れども掘れども何も出てこない。あえなく失敗。

六〇年に証券会社社長になったときはすごかった。琵琶湖に桟橋のある七百坪の別荘を持ち、モーターボート七台に、外車も数台所有していたという。それが、証券不況で無一文となる。畠中が偉いのは、このとき会社にいた社員百八十人が路頭に迷うことがないようにと、資材を売り払って整理した。いまのオーナー社長たちに、とてもこのマネはできまい。

女中を四人も置いていた暮らしが、座ぶとんまで売り払い、年越しの餅代 もままならぬ境遇に。金がなくなると、途端に世間も背を向けた。女房子どもは腹を空かして水を飲む生活。それまで乗ったことのない満員の南海電車で初めてもみくちゃにされた。

「涙こぼれたこともありました。そやけど、結局、人間生まれたとき、おへソひとつです。そうだから、スッテンテンになっても純情な、汚れのないものに戻ったなと思って」、雌伏の時を経て、証券界に返り咲く。

「人間生まれたとき、おへソひとつ」とはいい言葉だ。この貧乏体験はムダではなかった、ということだろう。

畠中は言う。

「金持ちの中にも、金の奴隷になり、なんでも金、金、金、と思うのがいます。金がなかっても、金持ちよりもしあわせに生活をする人がいます。ぼくは、そういう人種になりたい」

第二章　男もすなる貧乏を女もしてみんとて

女性の貧乏話にも味がある

この本を書くため、貧乏話を来る日も来る日もチェックし、読んでいるわけだが、不思議と男性ばかりで、女性の話が少ない。もちろん書き手の絶対量が女性より多いということはある。それにしても、である。本書を書く上でお世話になった一冊に「日本の名随筆」シリーズの『貧』(小沢昭一編、作品社)があるが、このアンソロジーに収録された二十八名のうち、女性はたったの四名しかいない。どう見ても少ない。

考えるに、貧乏話を書いたり、人に話したりするとき、ある程度客観化して、あるいは戯画化して披瀝《ひれき》するのが礼儀のようになっている。つまり、生の素材のまま、いくら貧乏だったかを語っても、悲惨なだけで楽しめない。貧乏ぶりを、いかに笑ってもらえるように語り、あるいは書くかが、貧乏話が成立するための条件ではないか。あくまで一般論だが、その点、女性の場合は、自分の恥ずかしい過去を晒《さら》し、そのうえ、脚色まで加えて面白おかしく話すのが苦手かと思われる。男性の方にしたって、女性から「穴が空いた靴下そのままはいて、自動販売機の下に落ちてる硬貨を拾って、マクドナルドでサービス期間中のハンバーガーを買って」などという話を聞かされると、居心地が悪くなる。

それが若くて、きれいな女の子の場合だったりすると、特にそうだろう。貧乏話は女性に似合わない。それは少しの例外を除いて、昔からそうだったような気がする。

吉永小百合——学ぶ労働者の美

吉永小百合は一九五九（昭和三十四）年、松竹映画「朝を呼ぶ口笛」でデビューした。このとき十四歳。六〇年に日活入りしてからは、同年に七本、翌六一年には十六本とスターの仲間入りをして、日活映画黄金時代へ突入していく。ただし、最初の二年は主に少女役で、アイドル扱いである。

吉永小百合が女優開眼を果たしたのが、六二年の浦山桐郎監督「キューポラのある街」であることは、衆目の一致するところだろう。戦後まもない鋳物工場の町・川口を舞台に、貧しいながらも健気に生きる少女・ジュンが吉永の役どころだ。それまで演じてきた可愛いお嬢さんタイプとは、かけ離れた演技力が要求される。

監督の浦山桐郎は長らく今村昌平のもと、助監督を務め、虎視眈々《こしたんたん》と監督の座を狙っていた。同じ監督でも「助」がつくのとつかないのとでは天地の開きがあった。「助」が取れて、ようやく作品は自分のものとなる。もちろん給料も扱いも大違いだ。

貧乏は得意中の得意なんです

その浦山の初監督作品に、会社側は浜田光夫と吉永小百合の青春コンビを使うことを要求した。まだ、どんな作品を撮るかわからない新人監督への、いわば保険のようなものだった。会社に言われるがまま、振り当てられた役をこなしてきた吉永と、初監督で意気込む浦山が会う。自伝『夢一途』（主婦と生活社）にそのシーンが再現されているが、吉永の初対面の印象は、浦山の期待を裏切った。

じーっと観察するような目で吉永を見た後、浦山はこう言った。

「もっと、ニンジンみたいな娘がいいんだけれど……。君は都会的だなあ、東京の出身か？」

吉永はただ黙ってうなずき、下を向くしかなかった。おそらく、吉永は浦山の考える「ジュン」とは違っていた。観客がみなそう思ったように、スクリーンに映る吉永小百合から、良家にすくすくと苦労しらずで育ったお嬢さんだと思ったのである。

吉永も浦山の反応から、自分は監督の思うタイプとは違うと察知したのだろう。

「ジュン」役に正式に決まったときも、「会社から押しつけられて、困った末のことだったのでしょうか」と案じている。

その後、撮影所の食堂で顔を合わせたとき、浦山はこう言った。

「貧乏について、よく考えてごらん」

家が貧しく、弟は朝鮮人の友達と新聞配達をしている。ジュンも高校進学をあきらめ、働きながら定時制高校へ通うことを決心する。不良学生に乱暴されそうになるショッキングなシーンもある作品だった。浦山は吉永に足りないのは「貧乏」に対する認識だと思ったわけだ。

ところが、吉永の反応は違った。浦山を前に、心のなかでこう思ったのだ。

「(貧乏? 貧乏……。貧乏ならよく知っているわ……)/小学生の時は給食費が払えませんでした。何度も学校で催促され、『忘れてきました』を繰り返した苦い思い出があります。米びつに一粒の米もない日がたびたびありました。貧乏は得意中の得意なんです」

家計を支える小学生、中学ではいじめられ

女優生活三十年、出演映画百本を記念して出された自伝『夢一途』を読むと、まさに「貧乏」ゆえに、女優の道を選ぶしかなかったことがよくわかるのだ。吉永家がなぜ困窮していったかを、もっとくわしく書くのは関川夏央『昭和が明るかった頃』(文藝春秋)。以下、同書にしたがって書く。

吉永小百合の父・芳之は、鹿児島生まれでその生家の地所は六百坪もあった。鹿児島七高から東大法学部法律学科に進み、一九三五年に卒業するも、同学部の政治学科に再入学。卒業後、高等文官試験に失敗する。高等文官試験とは、一九四八年まで実施されていた高級官僚への登用試験。超難関と言われていた。そのため、外務省通商

局に就職したが、嘱託《しょくたく》の身なので出世の道は閉ざされていた。

戦争中に日本出版学会に転職し、戦後もしばらく勤めたのち友人と出版社を興し、「シネマロマン」という映画雑誌を創刊させる。しかし失敗、会社は倒産する。

この頃、吉永家を税務署の執達吏が訪れ、差し押さえに遭っている。

「ピアノをはじめ、目ぼしいものに差押えの赤紙を貼った。期日までに金を払わなければ、すべてを競売に付すという。何も知らぬ私はびっくりした。三人の幼い子供たちは、何か異様なふんいきを感じとったのか、私のまわりにくっついて、スカートを持って離さない」

と、母親の和子が回想している。

じつはこの「赤紙」を私も十七歳の頃に経験している。父親が亡くなった後、あっというまに経済的に困窮し、税金が払えず、税務署から赤紙を貼りに来た。テレビから冷蔵庫、タンスなど家財道具に片っ端から、本当に赤い紙を貼っていくのだった。私は当時、高校生だったが、ドラマを見るようにそれを見ていた。どこかよそ事のように見ていたせいか〝悲惨〟という思いはまったくなかった。

関川は書く。

「吉永小百合は長く元外務官僚というエリートの娘だといわれてきた。また一九六〇年代前半には典型的な山の手中流家庭のお嬢さんのイメージを提供しつづけ、彼女の持って生まれた雰囲気がそれを毫も疑わせなかった」

しかし現実は、傾いた家の経済を支えるために、小学五年のとき、ラジオ東京（現・TBS）連続放送劇「赤胴鈴之助」の子役に応募し、千葉周作の娘「さゆり」役に選ばれ、芸能活動を開始させる。

「『赤胴……』は毎夕の放送でしたから、一回分としては少ない出演料でも、一カ月分となると、かなりだったはずです。米びつが空っぽというようなわが家の状態はなくなり、おかずが少し増えたのは、育ち盛りの私にはたまらなく嬉しいことでした。と同時に、この食卓の上のものは、私が働いて得たものだという、妙な自覚もでるようになりました」（『夢一途』）

小学校の卒業文集には、「私の将来」として、「映画俳ゆうになりたいと思う」と彼女は書く。中学二年のとき、ラジオ東京「まぼろし探偵」に出演、前述のとおり、松竹映画で映画デビューも果たした。ますます芸能活動が忙しくなってきて、「中学の三年間、義務教育として認められているギリギリの線、三分の一を休んで仕事をしていました」という状況で、同級生と遊ぶヒマもなかった。「学校の中でも自分一人が浮いてしまうような危機感が、私の中で起こっていたことも事実です」と『夢一途』に書く。

関川はこれを、中学二年生のとき「いじめ」に遭っていたとはっきり書いている。芸能活動に嫉妬した同級生から「目立ちすぎます」と手紙をもらい、「徹底して無視されるという仕打ちにあった。彼女はその一年間、クラスの女の子とは一度も口をきかずに過ごさなくてはならなかった」という。

憧れの高校生活も夢と消え

一九六〇（昭和三十五）年四月には、都立駒場高校に入学し、日活とも専属契約を結ぶ。つらい中学生活を終え、「せめて高校に入ったら学校にだけ集中し、健全な学園生活を送りたい」と考えた吉永は、絶対的な時間が足りないなか、受験勉強に没頭し、希望の高校に合格する。「私は手放しで喜びました」とあるが、ちょうどその頃、東映と日活から専属契約の誘いがあった。

専属となれば、またもや、中学のときと同じような、暗くいびつな学園生活を送ることになる。それとなく吉永は、母親に自分の思いを伝えたが、答えはこうだった。

「高校へ毎日行きたいのはわかるけれど、学費ぐらいは稼いでくれないと……」

母親を責めるつもりはないが、都立高校の学費など、吉永が一年に一本映画の仕事をすれば、十分に払える金額だったはずだ。吉永の日活専属料は、一カ月の給料が一万円、出演料が二万円で、年間二本以上の映画出演が義務づけられていた。吉永が日活に入社した一九六〇年四月の公務員初任給が一万八百円。高校一年の吉永の給料とほぼ同額だった。翌年の六一年に、吉永は十六本もの映画に出演。単純計算で、給料も合わせて吉永の年収は四十四万円。いまの物価に換算すれば、ざっと八百万円からの年収があった。つまり、このときすでに、吉永の収入なくして、吉永家は成り立たなくなっていた、ということだ。

入学式の日、憧れのセーラー服を着て、「桜の美しく咲く校庭に新入生として」並んだが、わずか一時間で早退けすると、駅のトイレで「真っ赤なブラウスと黒いタイトスカート」に着替えて、日活撮影所へ向かうのだった。

高校へ入学して初めての期末テストを終え、たった一人で、上野発金沢行き夜行寝台列車に乗り込む話がある。能登半島ではとっくに吉永が出演する「拳銃無頼帖・不敵に笑う男」のロケーションが始まっていた。不安なまま二等寝台で夜を過ごし、朝起きたとき、寝台の下に隠した財布が盗まれたことに気づく。そこには旅行中に必要な全財産三千円が入っていた。

駆けつけた車掌に「赤い花柄の財布なんです。探してください」と必死に頼んだが、困った顔をするだけで、財布は戻らなかった。

現在で八百万円に相当する年収がありながら「私は必死でした。三千円のお金は、当時の私にとってほんとうに大切なものでした。千円でも、二千円でもお金を稼いで家計を助け、高校へ通うのが、私の務めだったのです」と考える高校一年の女子高生がいたと思うと、なんともやりきれないような気分になってくる。

そして、都立駒場高校も出席日数が足りず、私立の高校へ転校を余儀なくされた。このとき、家の貧しさゆえに、青春の夢はついえたのである。

学び続ける労働者

だから、「キューポラのある街」を撮るにあたって、浦山が懸念した「貧乏」の表現を、「得意中の得意」と胸張った吉永の態度は当然だったのである。

「キューポラのある街」のクライマックスで、北朝鮮へ帰る同級生のヨシエとその弟サンキチをジュンが見送るシーンがある。この姉弟の父親が朝鮮人で母親が日本人。母親を日本に残して、川口駅から旅立つ。その撮影現場で、見送る母に「母ちゃん、つらいだろうけど我慢して」と言うヨシエを演じる鈴木光子の瞳から涙がこぼれた。吉永は「お芝居ではなく、まさに本当の別れのようでした」と思う。そして、こう考えた。

「何故、この人たちは離れ離れにならなくてはいけないのでしょうか。貧しすぎるからよ、ヨシエもサンキチも。

私の中で走馬灯のように、空の米びつを前に一家五人で黙りこくって座っていた幼い頃の光景が蘇ってきます。私とジュンは一つになり、胸の奥底から、強い感動が突き上げてきました。いつしか私も泣いていました」

学校へは半分も行けなかったが、吉永は映画の現場で、いわば生きた人生勉強をし、役を通して青春を生きる。この演技開眼を果たした「キューポラのある街」で、同年のNHK最優秀新人賞を、翌年ブルーリボン賞主演女優賞、ミリオンパール女優主演賞、シルバースター新人女優賞など女優賞を総なめにする。

『昭和が明るかった頃』によれば、一九六三年三月、吉永が精華学園高校を卒業したとき、取った単位はわずか五課目分で、正式には卒業できなかったが「推薦校友」という不思議な名目で学校を出た。「健気」な「頑張り屋」という映画のイメージそのままに、吉永はこの後、大学入学資格検定試験を受ける。そして早稲田大学第二文学部に入学を果たす。失われた時を求めるように仕事と勉学を両立させ、次席という成績で卒業してしまう。

「そんなとき彼女は『キューポラのある街』の主人公・石黒ジュンのようになりたいと願っている自分を強く意識した。『学びつづける労働者』は十八歳の彼女の理想像だった」と関川は書く。

石坂啓――お金の苦労でふりかえる青春記

石坂啓『お金の思い出』(新潮社)は、お金に苦労した思い出を並べた青春記だが、照れや恥ずかしさを最初から払拭しているため、悲惨な話も面白く読める。

石坂啓は、テレビドラマ化もされた『キスより簡単』などで知られる女性漫画家だが、むしろ出産体験を書いた『赤ちゃんが来た』などのエッセイ、反戦を訴える論客、テレビのコメンテーターなどとして活躍の場を広げている。一九五六(昭和三十一)年名古屋生まれで、誕生日がなんと私と同じ三月二十八日。彼女は二十歳まで、父親は従業員六十名ほどを使う建築会社の社長で、自身も漫画家を夢見ながら名古屋芸大へ通うという、恵まれた環境にあった。

それが、父の会社が負債を抱えて倒産してから一変する。家にコワい借金取りが押しかけるようになり、彼女と妹は郊外のアパートに身を隠す。

「父は友人の会社に一時身を置くことにし、母は保険会社に勤めるようになった。私も手あたりしだいにバイトを始めたけれど、アパート代すらどう捻出していいかわからないほどカツカツの生活が以後始まった」と書く。この時期を乗り越えられたのは、

「うちの家族がタフだったから」だという。同じケースで、一家心中する家族だっているのだ。

特にすごいのが保険の勧誘を始めた母親で、父親を脅《おど》しに来た、そのスジの男を恫《どう》喝《かつ》したうえに、保険に加入させてしまった。この度胸のよさは、おそらく石坂啓に受け継がれている。

さまざまなアルバイト歴

早いうちから漫画家に憧れ、手塚治虫のアシスタントになることを夢見つつ、石坂がこなしたアルバイトの数がすごい。

マクドナルドのバイトは時給三百円。タイムカード制だから、一分遅刻しても一時間分の時給が消える。レジでの応対から、キッチン、掃除と「とにかく一瞬もボーッとできないように、きっちり使われる」。ある日、店長に昇給を告げられ、ここぞとばかりに「ありがとうございます！」と教え込まれた笑みで答えると、なんと時給がたった十円アップしただけ、ということもあった。

学習教材を販売して回る仕事もやった。バイトの身ながら、毎朝、朝礼に参加させられ、炎天下を汗をふきながら重いカバンを抱えて、子どものいる家を訪問し続ける。授業に出られない事情を、友人たちに話したところ、なかの一人がこう言った。

「わたしそういう仕事、キライ」

石坂は「このときの無神経な一言を、いまも忘れない。『世の中スキで仕事してる人ばかりじゃないだろー』くらいのことは、さすがの私も気づいていた」と書いている。

そのほか、家庭教師、ビラ撒き、デパートの売り子、アパートの自室で「お絵描き教室」というのもやった。職種はみごとにバラバラ。かなりの融通性と生活能力の持ち主と言っていいだろう。

最悪のビンボーファッション

「ボロの美学」の節では、ちょうど家業が倒産した二十歳の頃、いかにボロを着ていたか、という話が披露される。「私は異常なほど『お金をかけない服』にこだわっていた」というのだが、例えばポンチョ。「通りのむこうの人がゲッとふり返るような、歩道橋の上からみんな顔をこちらに向けて指さすような」ポンチョだった。ちょっと想像がつかない。これをとにかく夏も冬も着ていた時期があった。

そのうち、バスタオルを二枚縫い付けたお手製のものを着たり、シーツを体に巻き付けて町を歩いたりした。

「あんまり汚ない服を着ていて名古屋の地下街を追い出されたこともある」というからよほどのことだ。一九七〇年代といえば、長髪、チューリップハット、ベルボトムのジーンズ、あるいはヒッピーくずれのファッションと、かなり過激で、汚い服装をしている若者が目立ったが、そのなかでも石坂は頭一つ抜け出た感じだ。

そのほか、モンペもはいた。「拾った服やもらった服もよく着た。ダイエーで十円のブラを買ったこともある」。

成人式の日に、最初は代表スピーチのはずが、花束贈呈に代わったことに腹を立て、まわりが全員振り袖を着るなか、一人、ツギハギのセーターで出席したりした。この異色なファッションについては、かなりの確信犯であることが次の発言でわかる。

「既製のものがとにかくイヤだったのだ。みんなと同じものをおとなしく着ているのがイヤで、大人たちのヒンシュクをかうことが快感だった」

ビンボー食

食についても書いている。芸大生といえばビンボーが当然で、まわりにも金のない友人が多かった。若い日、お金をケチるのはまず食費と、「外食なんて発想は頭からなく、私はいつも豆腐か卵かモヤシを順番に炒めてたべていた」という。「スーパーで三個百円のインスタントラーメンをまとめ買いし、朝はラーメンの麺だけたべ、夜はその汁でパンかごはんを煮こむなんてこともした」と書いているが、これはかなりビンボーな男子学生の体験記でも読んだことがないような過激さだ。

「学食で六十円のごはんだけ注文して塩をかけてたべていたら、食堂のおばさんが見かねて椀に入った汁をくれた。でもこの汁もダシをとっただけの味つけ前のもの。がっかりして汁にも塩をふった」というのも、ちょっと女子学生の体験記としては考えにくいレベルだ。肉とは無縁の食生活。駐車場にはえている芹を引き抜き、畑で捨ててあるネギも喜んで拾って帰ったという。

この本を書くため、さまざまな青春記のビンボー話を読んできたが、衣服と食の悲惨さは、まずトップクラスと言っていいだろう。

「今にして思えばこの時期もしお金を持っていたとしても、私はあんまり『キャンパス・ライフ』を『エンジョイ』などできなかっただろう」と、この節をしめくくっている。

百円に泣く

石坂は一九七八（昭和五十三）年に上京。念願の手塚プロに入社する。手塚は当時、『ブラックジャック』始め、雑誌連載を何本も抱えていた。そこでアシスタントの募集をした。希望者も多く、採用は、三百通の応募のなかからたった五名。そのなかに石坂が残った。

上京するのに、二、三万円ほどしか所持金がなく、当初は八王子にいた妹の下宿に転がり込む。手塚プロの給料は八万五千円。ボーナスも出た。これは、漫画業界では、きわめて恵まれた環境だった。

ところが「『東京で遊んでいる』というハイな気分にすっかり拍車がかかり、お金が入ると連日飲んだくれて翌月の一週めにはスッカラカンになってしまう」というバカを、毎月繰り返した。

「この頃は百円に泣いた記憶がたくさんある」という。国鉄（現・JR）の初乗りが当時百円で、キセルをすれば定期が使えた。百円玉一個を残すまで渋谷で飲んで、友人と別れてからそれを落としたことに気づく。中野まで歩けば定期券が使えると歩き出すが、羽根木公園に夜中の二時に着いたら、もう電車も走っていない。なんと、石坂はゴミ箱から段ボールを拾って、図書館の入口に敷いて寝た。あぶないなあ！

銭湯に行くのに五十五円しかなく（銭湯代は百五十円）、番台で、ないのをわかっていながら、ポケットから小銭を出して数え、落としたことにいま気づいたという芝居を打ち、「いいよいいよ、明日で」と言われて入ったこともある。百円のあるなしが、けっこう切実だ。

入社して半年、石坂は妹のアパートから出て、手塚プロから歩いて十五分ほどのアパートを借りる。三畳間で八千円は、都心なら三十年前でも格安だが、「アパートとも言えないようなシロモノ」だった。民家の二階の三部屋を間貸しするタイプで、共用のトイレと流しがあった。その三畳間がイラストで描かれているが、もろ西日の窓、内側に開く不便な扉、上だけ半間の押し入れと、いかにもの三畳間。そこに、敷きっぱなしのふとん、枕がわりの本、拾ってきた板なしのコタツ、友人に借りている白黒テレビ、ラジカセがあり、壁にはなぜか、インテリアがわりにインスタントラーメンの袋が貼り付けてある。絵に描いたような貧乏、と言うが、貧乏を絵に描いたようだ。知らない人が間違って戸を開けても、とても女性の部屋だとは思わないだろう。

　石坂は当時、まだ二十代前半の女性なのだが、すごいのは、引っ越しにお金がかけられないと、妹の部屋からふとんをかついで、電車に乗ったということだ。おまけにシーツでくくったふとんには、ナベやおタマが突っ込んであった。

「いまその光景を思うとカナしいものがあるが、そのときは全然ヘッチャラだった」

「全然ヘッチャラだった」のは、石坂の性格もあるだろうが、数年前に父親の会社が倒産、借金の追い立て、一家の離散、バイト三昧の学生時代と、低空飛行の修羅場をくぐっているからだろう。貧乏に負けて、小さく縮まっていく者もあれば、そこで鍛えられて、なにごとも「全然ヘッチャラ」と思える者もある。人間次第、ということだ。

「寝る場所さえあればＯＫだった」と、言えばそのままの部屋だった。それでも休みの日に、一人、三畳間にいると、「やはり相当にものガナしい」気持ちにもなった。

「学生の下宿というノリでもなく、いいトシした女がふとんを敷きっぱなしの上で座っているのも、何だか女郎屋の一室みたいでインビな感じである」と回想している。

近所に三、四軒の銭湯があったが、時間によって女湯は満員になり、カランが全部埋まっている。次に空くのを、裸のまま洗面器を持って後ろで立って待つ。「この図がなんだかいつもアウシュビッツをホウフツとさせてミジメだった」とさすがに弱音を吐く。

ほかでも珍しく弱音らしきものを吐いている個所がある。「後ろ盾のない生活」と題された節で、やはり金のないことの弱みを綴っている。

「貯金などゼロ、給料以外に余裕はまったくナシ、東京に親戚も知人もいないから後ろ盾もなく、イザ……というときに頼りになるものがナンニモない。コワイモノはもう何もない——と開きなおることもできるが、ホントいうとコワイモノだらけでもあったのだ。後がないからケンカができない」

この気持ち、よくわかる。というのが、一歳下で同じ誕生日の私も、二十五年前に上京してきたときは、知人も金もなく「コワイモノだらけ」だった。何か不始末を起こしても、助けてくれる人も相談する人もいなかった。深夜、将来というより明日への不安で、呼吸困難におちいることもあったのである。

石坂も「けっこう陰険な」大家に、うるさいことを言われて、それでも黙って耐えているのだった。仕事が終わって仕舞い湯近くの銭湯に行くと、まだ身体を洗っているのに、モップを持ったステテコ姿のおやじが、早く帰れというふうに掃除を始める。繰り返すが、石坂はこのとき、まだ二十代前半の乙女である。いまだったら文句を言うだろうと怒る石坂だが、このときは「無言でガマンして、できるだけ前を隠して湯につかるのが精いっぱいだった」。

ミジメな気分で三畳間から、建ち始めた新宿の高層ビルを眺めながら、石坂はよくこう叫んだのだ。

「ジョートーじゃんか」

すべての「負」の条件で、メーターの目盛りが振り切れそうになった時、かえって開き直ることで、事態を「正」に逆転させられることもある。

石坂の「ジョートーじゃんか」は、いつの時代も、貧乏な若者を救う護符となるはずだ。

西加奈子——貧乏で鍛えた作家魂

いまや人気女性作家西加奈子の経歴が変わっている。一九七七（昭和五十二）年にテヘランで生まれ、エジプトで育つ。その後、大阪で生活をし、関西大学法学部を卒業。二〇〇四年に『あおい』（小学館）でデビューし、『さくら』（小学館）が大ベストセラーとなり、人気作家の仲間入りをした。私は取材で本人と会ったことがあるが、大阪弁丸出しでめちゃめちゃ元気で明るいキュートな女性だった（その縁で『きいろいゾウ』の文庫版の解説も書かせてもらった）。

エッセイ集『この話、続けてもいいですか。』（ちくま文庫）に、上京するまで大阪でどういう生活を送っていたかが、喋りそのままに語られている。普通なら「苦節」と書くところが、彼女の場合、そうは見えないのがいい。

彼女はプロフィールどおり、幼少期をエジプトで過ごすのだが、周辺は子どもが目にするものとしては、かなりハードだったようだ。

「生水を飲むなと言われていたけれどガブガブ飲み、時々お腹をこわしたり、エジプト人の男の子たちと喧嘩をしたり、手足のない物乞いに囲まれたり」する生活は、治

『この話、続けてもいいですか。』（ちくま文庫）

安もよく、無事にすくすくと育てられる日本とは、まるっきり違った。しかし、西は「そんな毎日が、今の私を作っているような気がします。（中略）あのとき感じたことや、体験した何か、匂い、音、それらすべてが、今の私の体にしっかり刻まれています」と書く。つまり、小説家になるのには恵まれた環境に育った。

哀れみを誘う貧乏臭さ

この本によると、彼女は大学卒業後も就職をせず、いわゆるプータロー生活を送っていたようだ。

「二十代の初めから中ごろ、私はものすごく貧乏でした」と書き出される一文がある。手伝っていた喫茶店は儲からず、夜中にスナックで皿洗いをしていたという。皿を洗うだけでなく、「おつまみを出したり、煙草を買ってきたり、テーブルを片付けたり」と、雑用全般をこなす仕事で、「チーフ」と呼ばれていた。

その店に現れた人物が、「あんた、うちで働かへん？」と自分の店に引き抜いた。理由は「私の、なんとなく哀れみを誘う貧乏臭さがいい」。自分でも書いているが、ホステスの引き抜きはあっても、チーフの引き抜きは珍しい。「貧乏臭さ」が売りになることもあるのだ。

この若い頃の貧乏話は、西加奈子エッセイの定番となっているようだ。その貧乏ぶりを「じゃがいもばかり食べてうんこがキュートに硬くなったり、空腹を海苔をかじることでキュートにごまかしたり、近所の氏神様にたまにお供えしてある千円札をキュートに借りたり」と、キュートに回想している。うら若き新進の女性作家が「うんこ」と書いて平気なのは、会話体で使われる大阪弁の力だろう。

大阪時代、彼女がよく買物したのが西成区の新今宮。天王寺公園のすぐ西側で、日雇い労働者の多い町。この南海高野線「新今宮」の高架下で、毎週日曜に朝市があった。別名「泥棒市」と呼ばれ、「テレビやビデオなどの電化製品から服、靴、本、レコードにいたるまで、日用品を激安で手に入れられる」ことで知られていた。

例えばここでは、靴が一足五十円とかで売られている。ふたつ揃って、ではなく片

平成でもビンボーだった作家・西加奈子（共同通信）

方だけ。「五十円だもの、それくらい仕方ない！　もうひとつ、似たような靴を探せば済むことです」ということらしい。

西はこの「泥棒市」で千円の扇風機を買う。発送の手配などはないから、自分で持って帰るしかない。「片手で扇風機を抱え、自転車に乗って帰りました。何度かそういうことがあり、私は絶妙なバランス感覚を身につけることができましたし、今でもコンロなどの買い物なら発送せずに、持って帰ります」という。貧乏は人を鍛えるのだ。

おつかいは自転車で

彼女のエッセイを読んでいると、貧乏人にもっとも有効な乗り物こそ自転車だとよくわかる。夜の北新地でバイトをしていたときも、四天王寺の家から三十分かけて自転車通勤をしていた。自転車が使えず、電車賃がないときは「天保山まで走ったこと（二時間）」もある。

西は作家を目指し上京してからも、しばらく渋谷でアルバイトをしていたらしい。これも水商売で、終わると深夜の三時、四時。「始発を待つ時間がもったいないので、当時住んでいた桜上水まで、大阪から連れて来た自転車で帰ろうと思い立ち」、愛車を漕ぎ始める。ところが、途中で二度も警察から職質を受ける。「上京したてのウブな私は、彼らの高圧的な態度と、（東京の警察は大阪弁やない！　しかも若っぽい喋り方や！）という大発見に、完全にビビりました」。

結局、深夜の長距離走行はこれで終わりとなるが、その後も近所を自転車で徘徊《はいかい》するようになる。

「歩くのも好きですが、自転車に乗っていると、なんとなくワクワクします。あれ、なんでやろ。漕ぎ出す瞬間の『行きまっせ〜』という感じや、鍵をかけるときの『到着〜』という感じ、それらは私の気持ちを高揚させ、悩んでいることやムカついてくることを、少しずつ薄くしていってくれます」

何と安上がりなリフレッシュ法だろうか。人力に勝る安価な動力はない。

いまや日本を代表する俳優となった役所広司も、若き日、高円寺に住み、世田谷区岡本にある無名塾へ通うのに自転車を使っていた、と取材で聞いて驚いたことがある。直線でも七、八キロはある。自転車は貧乏人にとって重要な相棒だ。

森茉莉——夢のなかでこれほど贅沢な貧乏を

「魔利《マリア》の好きな華麗な夢は、寝台《ベッド》の足元の卓《つくえ》の上にひっそりと置かれ、又重ねられている洋皿、紅茶茶碗、洋盃《コップ》なぞの中にも、あった。黄金色《きんいろ》の文字とマアクの、薄青の紅茶の缶、暗い紅色に透る、ラズベリイ・ジャムの罎。白い皿の上に散っているボッチチェリの薔薇、菫の花弁の柔かな紫は、その上に伏せられた洋盃《コップ》の透明の下に匂いを散らし、洋盃《コップ》の後《うしろ》には鳥の模様を置いたロオズ色の陶器が、映っている。」

知らない人がこれを読めば、魔利とは若い妖艶な女性で、きらびやかな貴族の館に住み、まわりは高価な装飾品に囲まれて生活していると思うだろう。しかし「魔利」とは、これを書いた森茉莉のことで、この『贅沢貧乏』（講談社文芸文庫）という文章を書いたとき、すでに五十七歳になっていた。それも、古い木造アパートの八畳間で、大きなベッドが部屋を占領し、そのまわりはゴミだらけ……。

これこそ「貧乏」のなかに「贅沢」を見いだす、特異な作家の誕生を告げる文章だった。

森茉莉は一九〇三（明治三十六）年東京生まれ。父親は漱石と並び称せられるあの明治の文豪・森鷗外である。森は明治の文豪であるとともに、一九〇七（明治四十）年には軍医総監にまで上り詰めた、超のつくエリートだった。

茉莉は長女として、鷗外に溺愛され、茉莉も生涯、父親を「パッパ」と呼び崇拝した。きわめつきのファザコン女がこうしてできあがった。

鷗外は、茉莉が最初の結婚をし、夫の赴任先である倫敦《ロンドン》滞在中の一九二二（大正十一）年に死去する。茉莉はまだ十九歳。一番いい頃の父親の思い出を、過剰な想像力で美化していつまでも胸に抱き続けた。

茉莉は二度の結婚に失敗し、二十代の終わりからずっと死ぬまで独身を通すが、誰が夫になろうと、父親以上の男性はいない。茉莉の記憶のなかの鷗外は、すべてソフトフォーカスで撮られた写真のように、淡く、美しい。

例えば、鷗外が煙草を吸う姿は、こんなふうに描かれる。

「煙草といいきで想い出すのは、私の父の葉巻を喫むときのすばらしさである。父と葉巻を想い出すと、まず真白な、深く切りこみすぎない爪の、象牙色《ぞうげいろ》の手が出てくる。その手が、ドイツ製の鋏《はさみ》でハヴァナの葉巻の尖端を截る。マッチを擦る。（馬の顔や時計の絵のついた台所の燐寸《マッチ》である）薄赤い炎がゆっくりと、葉巻の尖端を包むようにとり巻く。真白な縮みのシャツとズボン下の普段着から出た、淡黄の美しい手、足の先。いくらか陽に灼《や》けた、翳《かげ》のある顔」（「三つの嗜好品」）

これはまるで思春期の男を知らない少女が、初恋の相手を理想化して観察した描写のようだ。いささか気味が悪い。

父を喪い、独り身で翻訳や随筆、それに劇評を書いて暮らしていた茉莉は一九五一

（昭和二十六）年、四十八歳のとき、伝説となった世田谷区下代田町（現・代沢）の木造アパート「倉運荘」に独居する。八畳一間、トイレと炊事場は共同、一九七三年に老朽化のため建て直しされているから、茉莉が入居したとき、すでにそれなりの年数が経っていた。文豪の娘が住んでいるとは思えない貧乏アパートに、このあと、二十年以上住み続ける。

このアパートを、室生犀星が訪ねた時のことを文章で書いている（『黄金の針』中央公論社）。ときは一九六〇年一月十一日。「婦人公論」の編集者とカメラマン、それに「うちの娘」（室生朝子さんだろう）の三人連れだった。ふだんは、「風月堂」（のち「邪宗門」）という喫茶店を仕事場兼応接室として利用していて、部屋へ人を入れない茉莉としては異例のことだった。

「昭和十二年に建ったアパート倉運荘の外部は古城のように壮麗だといいたいが、古城であるよりも、湿気のある塵埃をかむった処々混凝土《コンクリイ》の頬のあおざめたあたりに痣のような変色した漂白が、先ず私にこの建物の古色蒼然を物語って見せていた。廊下の幅は一間《二メートル》もある旧式の広さで、各個室の部屋の扉はぴったりと締り、灰色と煤と冷感と、啞のような緘黙の空気が鍵型にまがって冷え切り、これも幅五尺もある大きい

混凝土《コンクリイ》の階段が、旧いモスクワ風の廊下に、ぞろりと灰色の舌をのべていた」(新字・新カナにあらためた。以下同)

さすがは詩人で、「小汚いぼろアパート」と書くべきところを、レトリックを駆使し、微妙な表現で粉飾している。さらに部屋のなかの描写もある。

「六畳の書斎兼寝室に寝台が三分の一の座席を占めていて、室は細長い半畳に蹲むか立つかしていなければならない、厳粛な窮屈さがあった。椅子を出せばそれ一脚で客座の半部が占められて了うのである。」

「六畳」と書いているのは見誤りか。犀星にとって、尊敬する鷗外の娘が、まさかそんな窮屈でみすぼらしい部屋に居住しているとは、訪ねるまで思いもしなかっただろう。おそらく部屋の前で、その無惨さに胸を衝かれただろうと思う。四人もの客が入ってしまうと、身動きの取れない状態だが、それでも詩人の眼は見るべきものを見る。

部屋に居るとき、茉莉がほとんど一日を過ごした寝台まわりはこうだ。

「ちょいと寝ころんでいても手を動かすと本箱に本があり、ベルモットの瓶、化粧の品々、罐詰、小箪笥、衣類等があって、寝台前側には空瓶、鍋、皿、小鉢、小机の上には原稿、便箋紙、雑誌、例の上草履という物品が入口にあって、それぞれこの部屋の女主人をまもっているようであった。」

犀星は一瞥《いちべつ》で、茉莉が狭い部屋で構築した世界をつかみとり、このコクピット式寝台を細かい観察力で正確に再現している。

茉莉は「だいたい贅沢というのは高価なものを持っていることではなくて、贅沢な精神を持っていることである。容れものの着物や車より、中身の人間が贅沢でなくては駄目である」と書いている。他人がいくら、茉莉をみすぼらしい老女と見ようと、「贅沢な精神」を持っているから、平気と言いたいのである。

この頃、というのはつまり『贅沢貧乏』が書かれた一九六〇年代、「魔利の生活は、朝、昼、夜、燦として輝く膨大な電灯料を含めて二千八百円の部屋代と、米、と三種の新聞にプロパン瓦斯を入れて月一万円」の生活費がかかった。公務員初任給の推移から換算して、これは現在の十六、七万円と考えていいと思う。数年前より、茉莉は年に一冊ずつ、単行本を出すようになっていた。収入はその印税と、雑誌に書く原稿料がすべてだった。

「燦として輝く膨大な電灯料」というのは、茉莉の部屋の電灯が「朝陽の差込む三十分を除いて、夜昼耀いているからである」。もったいない話だと思うが、七十ワットの電球を、消すのが面倒で、「夜の電灯代を倹約したところで、英吉利《イギリス》チョコレエトが何枚買える訳でもあるまい」と言い訳している。まあ、たしかに……。

この倉運荘（クラウン、つまり王冠という名もすごい）は一九七三年に建て替えのため、立ち退くことになり、同じ代沢町の「代沢ハウス」へ引っ越しする。

多少、部屋数は増えたようだが、生活はまったく変わりがない。この「代沢ハウス」を訪れた人に、コラムニストの中野翠がいる。『ムテッポー文学館』（文春文庫）に、中野が雑誌ライター時代の一九八一年に、取材で森茉莉と会った話が回想されている。

ある女性雑誌で「淑女につい

本当の贅沢を知っていた森茉莉（共同通信）

て」という特集のために、著名人からコメントをもらう仕事で、中野は電話で茉莉にインタビューを申し込む。

「断わられるのではないかとおびえたが、『五時からテレビの『銭形平次』の再放送を見るの。四時から一時間だけね』」という約束を取りつけた。

初めて会ったときの森茉莉は「大きな、灰色の、猫のようだった。頭部に水玉（茶色の地に白い水玉）のスカーフをかぶっていて、それが妙なぐあいにずれていた」と、犀星に負けずに観察が細かい。というより、人は、森茉莉に対したとき、珍しい動物を見るように、ついつい注意深く観察してしまうのかもしれない。

そして「伝説的な部屋」に通される。中野の知り合いの森茉莉ファンの編集者たちが「東京の秘境」と呼ぶ部屋だ。中野は「プライバシー」を重んじつつ、簡潔にその部屋の様子を箇条書きで描く。

「①壁にV9時代の長嶋茂雄のポスターが貼られていたこと、②『そこにかけて』と指差された先が、本の山だったこと、③ベッドにいきなり寝そべっている有名人にインタビューするのは私も初めての経験だったこと」

箸《はし》より重いものは持ったことのない少女時代、文豪の父から溺愛されて、娘もまた父を溺愛し、おそらく父以外の男を愛する事はできなかった。料理はそれなりにしたようだが、家庭的という言葉ともっとも遠く離れた女性で、鷗外が亡くなったときの十九歳から、おそらく年齢もストップしたままだった。

優れた森茉莉論である「乞食王女の人工楽園」（『人工楽園の秩序』小沢書店）を書いた磯田光一は、『贅沢貧乏』をこう評している。

「六〇年安保の高揚とはおよそ正反対の極にあったこの小説は、それ以後におとずれる経済成長とは、およそあい容れない思想の表現だったのである」

磯田はまた、こうも書く。

「『贅沢貧乏』に描かれている空間は、趣味の幻想化によって現実を人工楽園に変えようとする意図に貫かれていて、魔利の実務能力の欠落こそが、逆に楽園の存在条件を保証するものだったのである」

都築響一が、東京に一人暮らしする若者の「狭いながらも楽しいわが家」風の部屋を撮影ルポした『TOKYO STYLE』（ちくま文庫）を見ると、狭い部屋に細々と自分の好きなものをディスプレイするように配置して暮らしているさまが、みんな『贅沢貧乏』の末裔《まつえい》のように思えてくるのだ。

第四章

㊎生活を生き抜く庶民の知恵――食と住処

伝統のニッポン貧乏食は変わらない美味しさ

人間の基本的生活を成り立たせる「衣食住」のうち、一つしか選べないとしたら、「食」だろう。着る物も住むところも、ホームレスを見ていればわかるが、なんとかなる。なんともならないのが「食」で、着る物や住むところがなくても生きていけるが、食べないと待つのは「死」だ。

貧乏人がどんな食生活を送っているか。主に青春時代を回想したエッセイなどから拾い上げていくことにする。

キャベツばかりをかじってた

「雨がつづくと仕事もせずにキャベツばかりをかじってた」は、「神田川」に続く、かぐや姫のヒット曲「赤ちょうちん」（一九七四年）の一節だ。貧乏同棲シリーズ第二弾と言ってもいい。

キャベツは、安売りの八百屋で見切り品を買うと、一玉百円ぐらい。若い男女が、「キャベツばかりを」食べるとして、もつのはせいぜい二日か。大学時代の貧乏仲間で、この歌を聞いて「キャベツばかり、って、キャベツが食えれば御の字よ。ぜいたくなんじゃ」と怒ってる男がいたのを思い出すが、歌に怒っても仕方がない。

「キャベツ」については、赤塚不二夫が自叙伝『これでいいのだ』（文春文庫）のなかで書いている。ごぞんじ、漫画家アパート「トキワ荘」の住人だった赤塚は、寺田ヒロオ、藤子不二雄、石森章太郎（のち石ノ森章太郎）など、同じ住人仲間が次々と売れっ子になっていくなか、一人出遅れる。その頃の話。

毎月の食費が三千円。それでも、外国からジャズやバレエの公演があると見に行く。この入場料がやはり三千円。つまり「入場料を払ったら一カ月、ほとんど飲まず食わず」の生活が待っている。それでも見に行く。漫画の神様・手塚治虫が「できるだけ、いいものを見なさい」と教えたからだ。

「そして、翌日から本当に食べる金がない。水をガブガブ飲み、おかずはいちばん安かったキャベツだけ。あとは飯に醤油をかけるワンパターンだった」。買い置きの米があるだけ、まだマシだった。

「キャベツ」はビタミンCが豊富で、胃潰瘍や十二指腸潰瘍の予防に効果があるビタミンUとKを含んでいる。食物繊維も豊富だ。ビタミンCとUは熱に弱いため、熱を通さず食べた赤塚は理にかなっていたわけだ。トキワ荘の古参・寺田ヒロオの得意料理も、またキャベツ炒めだった。

レタスにマヨネーズ

キャベツの親戚みたいな「レタス」を常食としていた、という話がある。詩人の荒川洋治の若き日のエピソード（平成ビンボー友の会編『清貧の実践』福武書店）。早稲田大学文学部の学生だった荒川は、下宿生活を送っていたが、友人から「レタスにマヨネーズ」という調理法？を教わる。これがおいしい、というので真似る。

「あんまりこういうことをする人はいなかったので、部屋に来た女の子が不思議がったくらいです」という。たしかに、男ともだちの下宿を訪ねたら、部屋にどかっとレタスが丸ごと置いてある、という光景そのものが珍しい。

「しかしこれはたいそうおいしい。というか、口の回りがどっさり食べ物で埋まる感じがして、それにどこかのいい料理のはしっこをかじっているようなノーブルさもあって、僕の貧乏食の一つとして定着してました」

さすがに詩人だけあって、表現がユニークだ。しかし、レタスだけで飽きないだろうかと心配したら、こう続けて書いてある。

「マヨネーズのつけ方やその量によって、味が変わるので、なんだか丸太ん棒で、美術品をつくるような、そういう感じがして好きだった」

マヨネーズつきレタスが「美術品」となるのが、いかにも詩集『あたらしいぞわたしは』の作者らしい発想だ。

スタンダール式食事

「スタンダール式食事」とだけ聞くと、どんなに豪華な料理が並ぶのかと思うだろう。その本当の意味はあとでわかる。考案者は脚本家のジェームス三木。「独眼竜政宗」を始め、NHKの大河ドラマだけで、ほかに「八代将軍吉宗」「葵徳川三代」と三本も書いた、日本でトップクラスの脚本家だ。

しかし、その出発は俳優だった。一九五三（昭和二十八）年に高校を中退して上京、俳優座養成所に入る。このとき、同期には、仲代達矢、平幹二朗、佐藤慶、愛川欽也、渡辺美佐子、大山のぶ代、市原悦子、藤田敏八などがいた。あんまり同期がすごすぎたのか、三木は俳優をあきらめ、歌手としてデビューし、十数年間、売れない歌手生活を送る。

これは俳優座養成所の研究生時代の話。下宿は戸塚（現・新宿区高田馬場）の六畳間を、芸大の浪人生と二人でシェアする。家賃は三千五百円。養成所の月謝が八百円。これはどう考えても苦しい。本当に困ったときは、血を売ったという。そこで食費を極端にケチる。

「めしのおかずは、たいがい塩昆布か紅生姜であった。私たちはこれをスタンダール式食事と命名した」（前出『清貧の実践』）

さあ、その答えがわかるだろうか。塩昆布は黒、紅生姜は赤。つまり「赤と黒」というわけだ。洒落でも言わないと、とてもやってられない貧しい食事だった。

ところが、もっとすごい友人がいた。

彼は「いつもシャツのポケットに二本の箸を突き立て、知り合いの家に乗り込んでは『メシ！』とどなる」のだ。これはかなりの気合いが必要だ。

貧乏人はコメを食え

こうして見ていくと、基本食となる「米」さえあれば、人間（というか日本人）はなんとか生き延びられるのだと思えてくる。落語のなかで、勘当になった商家の若旦那が「勘当、けっこうだよ。お天道様と米のメシは、どこまで行ってもついてまわる」とうそぶくセリフがよく出てくるが、米のメシさえあれば人間は生きていけるという認識が日本人には強くある。

「貧乏人こそ米を食え」と、強く主張するのが、『ワセダ三畳青春記』（集英社文庫）の高野秀行だ。

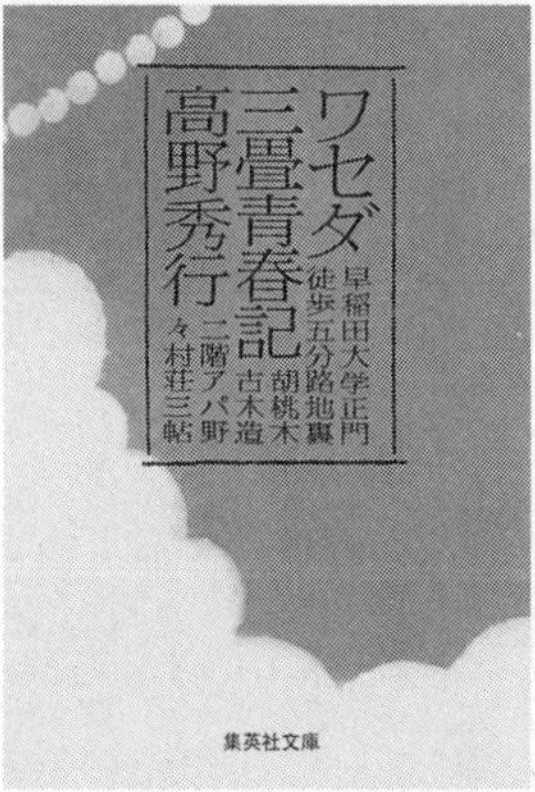

『ワセダ三畳青春記』（集英社文庫）

一九六六（昭和四十一）年生まれの高野は、早稲田大学に入学し、探検部に所属する。これが探検ライターである高野の進路を決定づけるのだが、それはまた後の話。早稲田大学正門から歩いて五分、木造二階建て、三畳一間の一万二千円の部屋を舞台にした、バブルがはじけて不況へ向かう時代の貧乏話は青春記の傑作だ。

風呂は入らない。かわりに区営のプールに通い、泳ぎを覚えてしまう。テレビはおろか電話もない。そんな、いまどきとは思えない生活を送っていた高野は、「みんな、米を食え、米を」と力説する。「なによりも安い」からだ。九〇年代、米は五キロで約千八百円。三食ゴハンを食べて、高野の計算によると一日約百三十円で済む。しかも「腹一杯」食べて、の話だ。

「よく『学生時代は金がなかったからインスタント・ラーメンばかり食ってた』という人がいる。これはかなりおかしい」という。インスタントラーメンは、九〇年当時で一食七十円から八十円した。三食で二百円以上。しかも、三食ともラーメンはきついが、米ならおかずを変えれば三食大丈夫だ。

くわえて、高野はそこまで書いていないが、インスタントラーメンは油と塩の量が多く、添加物も入っている。それだけ食べ続ければ、間違いなく身体をこわすだろう。ところが、米は完全食だ。

ごはん百グラム当たりは約一六八カロリー。男の茶碗で百五十グラムのごはんが摂取できるとして、二五二カロリーになる。一食二杯食えば五百カロリー。三食で千五百カロリーに達する。成人の一日の摂取カロリーを最低千八百カロリーとすれば、ごはんに少しの副食物をつければ、理論的には生存可能となる。

ちなみに、ごはんの主成分はほとんどが炭水化物、そこにたんぱく質、脂質が加わる。そのほか、ビタミンBとE、ミネラル、食物繊維も含まれる。非常に栄養価のバランスがとれた食べ物と言えるのだ。

米食のバラエティ

米をいかにバラエティ豊かに、飽きずに食うか。ここに貧乏人が生き残る道がある。高野が考案したのが「ツナマヨ丼」。説明しなくてもネーミングでレシピはわかるだろう。

「ツナ缶はなぜかはごろもの『ライトツナ・カル』という商品が百八十円と図抜けて安いのでもっぱらそれを利用した。食べ方は丼飯にかけて、しょう油とマヨネーズをかけてぐちゃぐちゃにかき混ぜて食べるのがいちばんうまい」

まことにシンプルで、満腹感も得られそうだ。

「イシカワはよく『これほど、「あー、飯食ったあ!」って気がする食い物はないね』と言っていたが、私も同感だ」とこの「ツナマヨ丼」を絶賛している。しかし、もっと安くつくごはんものがあるという。それは「酢飯」。ネーミングを聞くだけでイヤな予感がするが、要するに、ごはんにふつうのお酢としょう油をかけて食べる。合言葉は「ネタのない寿司だと思え！」というのだが、それは無理だろう。

『大衆めし　激動の戦後史』（ちくま新書）などの著書を持つ、大衆食堂評論家の〝エンテツ〟こと遠藤哲夫の一貫した主張も、「気取るな。力強くめしを食え！」だった。

ソースをかければ「洋食」に

映画評論家・双葉十三郎（一九一〇年生まれ）の回想記『ぼくの特急二十世紀』（文春新書）に、学生時代に食べた究極の「洋食」と呼びたくなるものが出てくる。双葉が学生時代と言えば昭和初期。学生は「一膳めし屋」を利用した。いまで言う定食屋か。まだラーメン屋はなかったという。浅草に安い中華料理店があって、そこで「すごい人を見た」という。

「五銭かなんかでご飯だけもらい、それにテーブルに出ているソースをかけて食べていたんです。ソースはタダだものね」

これぞ究極の「洋食」（稲垣足穂の項参照50ページ）。これ以上、安いメニューはないだろう。ソースをかければ洋食になるという発想が、じつは正式に認められている食堂があった。大阪・梅田のシンボルとも言える阪急百貨店の大食堂である。そこでメニューにはないが、ライスだけを注文し、テーブルのウスターソースをかけて食べる「ソーライス」なるものが、裏メニューとして流行した、というのである。以下、「ウィキペディア」から。

〈1929年（昭和4年）に開店した梅田阪急百貨店最上階の大食堂（2004年に閉鎖）では、カレーライス（20銭）が人気メニューだったが、翌年に昭和恐慌が起きると、ライス（5銭）だけを注文してテーブルのソースをかけて食べて帰る客が増えた。学生のあいだでこうした食べ方が流行したためである。ちまたの食堂はこれを嫌い「ライスだけの注文お断り」という貼り紙を出したりしていたが、阪急社長の小林一三は彼らを歓迎する姿勢を打ち出し、「ライスだけのお客様を歓迎します」という貼り紙を出し、さらにはライスに福神漬をつけるサービス（テーブルに調味料と一緒に備えつけて食べ放題とした）まで行った。従業員の中にはこれに疑問を持つ者も少なくなかったが、小林は「確かに彼らは今は貧乏だ。しかしやがて結婚して子どもを産む。

そのときここで楽しく食事をしたことを思い出し、家族を連れてまた来てくれるだろう」と言って諭したという。

こうして、「ソーライス」は阪急百貨店大食堂の堂々たる裏メニューとなり、広く知られるようになった。実際にも後の関西の財界人で、あれをよく食べた、といった証言が多く聞かれた。〉

私は大阪生まれの大阪育ちで、もちろんこの阪急の大食堂で食べた経験もあるが、さすがに、我々の時代にライスだけ注文する客はいなかった。

ザリガニを茹でるとエビみたい

一九九八年、今村昌平監督「カンゾー先生」で鮮烈なスクリーンデビューを果たし、さまざまな新人賞を受賞したのが、女優の麻生久美子。その後も映画を中心に、演技派として第一線で女優業を続けている。麻生のことを、偉いなあと思うのは、貧しかった少女時代を少しも隠そうとしないことだ。雑誌の記事などを読んでいると、かなり悲惨な環境なのだが、それをあっけらかんと話す。

一九七八（昭和五十三）年千葉県山武郡（現・山武市）出身。「週刊現代」（二〇〇八

年六月十七日号）の記事で、母親が語っているのだが、麻生の父は金遣いが荒く、一晩で麻雀に二十万円もつぎ込む。ゴルフも好きで派手好きの生活を続け、家には生活費を一銭も入れない。結局、離婚。貧困家庭に、こういうパターン、じつに多い。

ぎりぎりの生活水準の母子家庭で、ごちそうが近所の川で釣れるザリガニだった。

「みんなで糸にパンの耳とか、ザリガニの尻尾をつけて釣ると、誰よりも久美子が一番上手かったんだよ。持って帰って来たザリガニを鍋で茹でてあげてね。エビみたいに真っ赤になって、プリプリして美味しいのよ」

そのほか、道に生えている雑草も食べた。スカンポは、皮を剝いて塩を振る。ススキとか椎の実なども食卓に上ったという。麻生久美子は言った。

「もし何にも食べ物がなくなっても、これで久美子は生きていけるね」

この明るさと向日性こそ、貧しい家庭にひがまずに、未来の女優・麻生久美子が美しく成長できた理由だろう。母親は、川や野から自然のものを採って食べることを、よく久美子にこう言い聞かせたという。

「これは貧乏じゃないんだよ。いいことなんだよ」

スカした雑誌に言われなくとも、スローライフを実践している。

野菜はとことん煮ると天然の辛味が出て美味しいスープに

詩人でフランス文学者の天沢退二郎は、一九三六(昭和十一)年東京で生まれ、満州で幼少年期を送り、戦後に日本へ引き揚げてきた。父はシベリア送りとなり、帰国したのが終戦後三年を経た四八年。その間、一家の大黒柱を欠いたまま、窮乏生活に耐えた。

父の革鞄で作った靴をはいて、内地の小学校へ通う。学校へ物資支給があり、食料品を中心に困窮家庭へ配られる制度があった。教師が貧乏な子に手を挙げさせた(現在なら大問題だ)。天沢が挙げると、仲間から批判された。貧乏なはずがない、と言うのだ。なぜなら天沢は革靴をはいていたから。貧しさの知恵が仇となった。

父が復員するまで、一家を支えたのは母で外へ働きに出た。天沢少年が炊事もする。枯渇する食材から、工夫して作ったのが特製野菜スープ。といっても、青菜とジャガ芋を塩水で煮ただけ。当然ながら「ぜんぜんおいしくない」。

「ところが」と天沢は続ける。

「そうやって長時間煮ていると、最後にはスープにピリッとした辛味が生まれることをおぼえた」。野菜と塩と水だけで、どうして「辛味」が生まれたのか。天沢の考えはこうだ。「胡椒など全くなくても、野菜には天然の辛味というものがあって、ついにはそれが抽き出されてくるのだということを」。

最初から、胡椒やコンソメの素などを入れて作ったのでは気づかない、野菜本来の持つ味に気づいたということだ。

「いのちのスープ」を提承し、スープの大切さを続ける料理研究家が辰巳芳子。天沢は奇しくも、貧しさから編み出した野菜スープで、辰巳の境地に到達している。

パンの耳神話

貧乏食の代表とされるものに「パンの耳」がある。食パンをスライスしたとき、外郭にある、焼きが入った部分ですね。説明の必要もないか。前出の高野秀行も、やはり「パンの耳」を食べていた。

朝はパン食。ただし「食パンの耳を毎日、近所のパン屋からタダでもらってきて、それを魚を焼く網で焼くのだ」。とにかく、タダでもらえる食べ物が存在するというのがすごい。きわめつきの貧乏食、といわれるゆえんである。

「パンの耳」「貧乏」グーグル二十二万三千件

試しにグーグルで「パンの耳」「貧乏」と検索したら、二十二万三千件が引っかかってきた（二〇一四年五月現在）。その調理法や、実際にパンの耳で食いつないだ話など、話題も豊富だ。ちなみに、同じ貧乏食の仲間「魚肉ソーセージ」の方は、八万五千件強だから、圧倒的に「パンの耳」＝貧乏食のイメージが強いようだ。

まず、パンの耳とは何か？ どうして作られるか？ あれは作るものじゃない。食パンからサンドイッチ用のパンを作るときにできる、切りカスだ。トーストする場合は、あのよく焼けて少し固くなった耳の部分がないと、バターが塗りにくいが、サンドイッチにするときは邪魔になる。それで、切り落とされ、捨てられる。捨てるくらいならと、無料で客に提供しようと考える店があってもおかしくない。なかにはちゃんと売っている店もある。しかし、一個とか、一枚という単位で売るわけにはいかない。キロ単位だ。一キロ二百五十円とかで売っている店もある。食パン一斤が三五〇〜四五〇グラムだから一キロあれば、相当食べごたえがある。

これは、ラジオの会話をそのままアップした「サイバー・ラジオ・ステーション・WAYU」（一九九九年十一月十五日）というサイトから拾った話。

一九六八（昭和四十三）年東京生まれで、テレビ東京のニュースキャスター・梅津智史が、自分の貧乏話を披露している。そのなかに「パンの耳」の話題が出てくる。梅津による「金持ちの定義」がまず面白い。「中学高校から私立に行く奴、おやじが月々のサラリーをちゃんと持って帰る。あと、突然遊びに行ってもちゃんとお菓子が出てくる家に住んでいる」奴は、梅津少年にとって、みんな金持ちだった。

梅津家も、父親が婦人服チェーン店の店長を務め、小学校低学年ぐらいまでは、そこそこ裕福だった。会社を辞めて、喫茶店を始めた頃から貧乏が身にしみてくる。梅津曰く「没落型貧乏」。このパターンは、生まれついての貧乏より、いい時期を体験しているだけにキツい。

喫茶店だから、食パンを一本単位で仕入れ、それをトースト用、サンドイッチ用にスライスする。当然ながら「パンの耳」が生まれる。それが土日の昼食や夕食になったという。

「土曜日昼に帰るとまず、パンの耳のトーストが昼食で出てきて、三時になるとおやつが出てくるんだけれど、それもパンの耳を揚げて砂糖をまぶした物、ってこんな食生活だったんですよ」

その話を聞いて、後輩のアナウンサーが思わず言う。
「梅津さん、ここまでもう三人（梅津以外の者）引いちゃいましたよ」
貧乏話には思わず熱が入る。それが、度が過ぎると、世代が違う者たちには、想像もできない異次元の世界に思えてしまう。

パンの耳の作り方

この、正真正銘、疑うまでもなく「パン」の切れはしでありながら、無用のため、驚くほど廉価である、というのが、「パンの耳」が貧乏食の王道であるレーゾンデートルである。ここまではいいですか？

まさか食パンも、切り捨て部分をこれほど有効利用され、貧乏者の生存の助けになっているとは思わなかっただろう。

そこで、自家製パンを売っている店はぜんぶパンの耳が出るかというと、そうじゃない。食品衛生法で、サンドイッチを自家製で売る場合は、それ専用の個室を必要とする。サンドイッチ部屋がない店では、パンの耳も出ないのだ。

パンの耳＝貧乏、という図式がある。それゆえ当然ながら、「パンの耳」をパン屋でもらうのは相当恥ずかしい。「ウサギを飼ってまして」などと、余計な嘘をつくケースもある。

「パンの耳」はパンの一部なのだが、切り離されたとたん、恥ずかしい存在となる。ここのところがやはりポイントだろう。

パンの耳をどうやって食べるか。基本はそのまま食べる、でしょう。あるいは、油で揚げて砂糖をまぶす。ラスク状にする。これも定番でしょう。カロリー価は、基本的に白い部分と同じだが、圧縮されているので、中央部より高いとも言える。食うならパンの耳だ。

パンの耳、で話題になったのは漫才コンビの「麒麟」田村が書いた『ホームレス中学生』で、家族解散にあった後、中学生の田村が公園の土管で寝起きし、公園で鳩に餌としてパンの耳をやっているおじさんに、パンの耳をねだり、それで食いつないだという逸話である。商魂たくましい吉本は、この「パンの耳」を土管ふうのパッケージに詰めて商品化した。さすがヨシモトだ。

「とらばーゆ」が行った、美容師百人にアンケートを取ったなかに「アシスタント時代の金のやりくり」という質問があった。美容師見習いも薄給の見本のような存在で、

「一カ月に自由に使えるお金は」という問いに「二～三万円未満」が二十四人もいる。なかに「一年程はパンの耳ともやしが主食」と答えた、愛知県の三十三歳の女性もいる。

パンの耳は貧乏を支える「大黒柱」だ。

四畳半伝説――日本の貧乏住まいはワビサビの風情アリ

くうねるところに住むところ――私の貧乏下宿歴

いま現在、私は長期のローンを払いつつ、東京郊外の一軒家に住んでいるが、貧しい二十代、将来、自分が持ち家に住むようになるとは想像もしなかった。他人の貧乏ばかりあげつらっている場合じゃない。自分の貧乏を告白するときがきた。

これから書くことは、できれば隠しておきたいようなことだが、成り行き上仕方ない。包み隠さず告白することにする。私の人間性を、「正月」のように、書き初めするとしたら「怠惰」がいちばん似合っている。できるだけ努力や苦労という地雷を踏まずに、ここまで来たのである。

私が立命館大学の夜間部に入学したのは二十歳の春。二浪したわけだが、その中身は、ただただギターを弾いて、本を読んで、テレビを見て過ごしていたにすぎない。まるっきりバカだった。それでも「文学」というものに憧れて、なんとかもぐり込めそうな立命館大学二部人文学部日文コースを選び、入学した。働きながら通えたし、授業料もべらぼうに安かった。公立高校なみ、ではなかったか。

結果的に選んだ道だったが、振り返ってみると、これは非常に楽しい大学生活で、誇ることはできないが、けっして卑下するものではなかったといまは思っている。

とにかく、大学生になれた。入学金は母親に出してもらったような気がするが、授業料や生活費は自分で稼ぎ出すことにして、京都に下宿した。父親を高二の夏に亡くし、母子家庭の長男として、それ以上の支援は望めなかったのである。当時、実家が大阪府の北端、京都府と接する枚方市にあり、しばらくここから通っていたが、途中から通学が面倒になったのと、下宿生活に憧れて、まだバイト先も決まらないうちから、学生専門に下宿を斡旋する「学生住宅」へ赴くことになった。

礼敷ゼロ、家賃二万円

そこで「学生住宅」の話。記憶では一回生のとき通った広小路学舎のすぐ近くにあったように思う。普通の不動産屋とは違い、相手をするのも学生みたいに若い人たちだった。下宿を探してもらうのに、申請する用紙があって、家賃、敷金、礼金の希望、その他、住む場所のエリアや、間取り、トイレ、バスが付いているかどうか等々を書き込むようになっていた。私はまだ働いていなかったので、まったく資金がなかった。家賃が一万円、礼金、敷金なし、その他は空欄のまま、窓口の担当者に出した。

隣りの新入生の女性は、トイレバス付きは当たり前、仕様はマンション、窓は南向きでクーラー付き、最寄りの駅（バス停）から五分以内など、女王様かと思うような条件を提示していた。私の担当者は気の毒で、申請用紙を見て、ウウンとうなったかと思うと、物件を整理したファイルから、数枚を抜き出してきてこう言った。

「一つは私からは勧められません。あとの二つのうち、一つは窓があり、一つは窓がありません」

これほど、明快な物件案内も珍しいだろう。「じゃあ、窓がある方を」と、たちまち、礼敷なしで、一万円の下宿が決まってしまった。さすがにこの下宿はすごかった。

場所は右京区の梅津。三十二番のバスに乗り梅津車庫前で降りて、そこから歩いてまだ十五分はかかった。同じ京都でも寺社や観光地がいたるところにある中京区や左京区とは違い、工場が建ち並ぶ、荒涼たる風景が広がっていた。もちろんこのエリアに足を踏み入れたのは初めて。学生住宅でもらった住所のメモと地図を頼りに、なんとか下宿にたどりつく。

途中、「〇〇牧場」と目印として地図に書かれていて、そういう名前の飲食店か、牛乳を売る店だと思ったら、本当に牛を飼っていたのでびっくりした。言っておくが、一九七七（昭和五十二）年の京都市内のことである。

もとは鶏小屋

指定された住所のままに、なんとか目的地にたどりついたが、アパートらしきものは見当たらない。あるのは、雑草の生い茂った空き地に、雨風に晒《さら》されて錆《さ》び付いた、トタン造りの長細い小屋である。とても人間の住居とは思えない。まるで、鶏でも飼っているような、そんな物体だったのである。しかし、間違いない。そこ以外に私が住む下宿らしきものは、そのまわりになかった。(本書のカバー写真です!)

そのトタンで覆われた長細い小屋に隣接して、崩れかけたような住居があり、その一画に、これまたみすぼらしいお好み焼き屋があった。この住居とお好み焼き屋こそ、大家の家だったのである。大家は、かなり歳取ったおばあさんで、学生住宅から紹介されたと挨拶し、現金で一万円を支払うと、通い帳を作ってくれ、その日から私はこの住人になった。お愛想にお好み焼きを一枚食べたが、味は悪くないが、店があまりにみすぼらしく、気味が悪かった。

トタンのドア(カギなし)をギシギシいわせながらなかへ入ると、真っ暗。下は土のままだった。廊下とも呼べない土の上を歩いていくと向こうに明かりが見え、落語に出てくる江戸の長屋のように、部屋が並んでいた。後で聞いた話だが、そこは本当に鶏小屋だったそうである。ご主人が病気で亡くなり、養鶏業をやめ、未亡人が生活の糧にと、トタン葺きの小屋のまま、下宿に改造したようだ。

四畳半一間に、窓は刑務所のようにひどく小さかった。木造トタン葺きの構造上、あまり窓を大きく取れなかったのだと思う。私の部屋は奥から三番目。目の前に共同の水道があったが、水道管は土のなかからいきなりニューッと上に突き出し、蛇口の下に、ステンレス製の洗い場があった。

共同便所は古風な落とし便所で、長らく汲み取りに来てないのか、用を足すときに腰を浮かさないと、尻に打撃を受けそうで、よほどのことがないと、用便をする気になれなかった。大はなるべくバイト先か大学のトイレで思う存分放出し、小の方は、無論、目の前の空き地でした。

住んでみるまでわからなかったが、屋根や壁がトタン葺きというのは、夏は暑くて、冬は寒い。おまけに雨が降ると、バラバラとトタン屋根を叩き、うるさくて仕方ない。それに上がり口がいきなり土間なので、アリが入り放題。ポテトチップスやパン屑が畳の上に落ちると、それを狙ってアリの行進を部屋のなかで見ることができた。ファーブルなら喜ぶだろうけど、ちょっとねえ。

こんなプロレタリアな下宿のどこが気にいったのか、のちに、同じクラスの友人が、二人転がり込んでくる。そのうちの一人、Yは、それまで京都駅の近くにある、木賃宿を改装したような、二畳半という変型の下宿で暮らしていた。教室で面白おかしく、この鶏小屋下宿の話をすると、喜んでやってきたのである。四畳半一間を見て、「広うてええのお」と広島弁丸出しで手足を伸ばしていたから、上には上、ではなく、下には下があるものだと感心した覚えがある。とにかく、大学生活のスタートは、鶏小屋改造のトタン下宿で始まった。

銀閣寺参道の離れで文学していた

それでも鶏小屋に一年か一年半はいたか。さすがにこんな下宿には彼女を呼ぶこともできない。その頃はスーパーでのバイトで収入も安定していたので、もう少しグレードアップを図って、三回生になってからは、銀閣寺参道脇にある町屋の離れを借りた。これは知り合いからの紹介で、トイレと水道が共同だが、はるかに清潔で、部屋も八畳と少し広くなった。

観光客が群れをなす、銀閣寺へ向かう参道の一画にある旧家の玄関をガラガラと開け、竈のある土間を抜け、裏口を開けると裏庭があり、そこに木造二階建ての離れがあった。一階が一間。二階が二間に分かれていた。私の部屋は一階。昼なお暗い部屋の裸電球をつけると、曇りガラスの窓にぼおっと黄色い明かりが反射する。その前に座り机が置いてあり、ここに座ぶとんを敷いて、本を読んだり、レポートを書いたりすることになる。

荷物は小さな冷蔵庫と、タンス一棹、冬はストーブ禁止だったのでコタツが一つ、それにおびただしい本があるだけだった。それでも本に囲まれ、木の座り机に向かっていると、肺を病んだ、大正から昭和初期の文学青年のような気分になってくるのだった。

風呂なしは当たり前

ここも下宿代は一万円か一万五千円くらい。やはり通い帳が作られ、月末になると、母屋の奥さんに払いに行った。多少、遅れることがあっても、イヤミや催促らしき小言を聞いた覚えがない。数年前、懐かしくてこの家を訪れてみたが、母屋の前で喫茶店を開いておられた。店番をする大家の奥さんに挨拶すると、もう下宿はやめたとのことだった。

「あれから、岡崎さん宛ての郵便物が何度か来たけど、住所がわからなくなって。ごめんなさい」と謝られた。

この銀閣寺の下宿には、大学を卒業した後もしばらくお世話になり、次いで滋賀県大津市の古い一軒家、大阪府守口市のエレベーターなしの四階建てマンションの四階と引っ越しを続け、一九九〇年春に上京することになる。

考えたら、上京して借りた埼玉県戸田市のアパートが初めての風呂付きで、それまでずっと銭湯を利用していたのだ。いまでも時々、町なかで銭湯を見ると入りたくなるのは、長い風呂なし下宿体験があったからだ。

東京都内でもピークの頃より、銭湯の数が三分の一にまで減少しているというから、うかつには言えないが、大学生の下宿に風呂なんて必要ない、といまでも思っている。

トタン葺きのベニヤ御殿

ところで、私のようなトタン小屋に下宿した人間は、まさかほかにはいないだろうと思っていたら、いた。〝鉄のゲージツ家〟のクマさん、こと篠原勝之である。全編が貧乏話の自伝的エッセイ集『人生はデーヤモンド』(角川文庫)の巻頭、いきなりその話から始まる。

「世田谷のへりに小さな森があって、その中にトタンをはりつけた物置風の建造物が、コッゼンとある」

「コッゼンとある」というのがいいですねえ。私のトタン小屋も、まさにそのようなかたちで、目の前に現出したのだった。

クマさんの下宿は二階建て。一階が造園業を営む大家のガレージ兼道具置場で、「二階は総ベニヤ造りで、なんとか人が住めるようになっていて、実はここがおれの住み家、ベニヤ御殿なのである」。六畳と四畳半、それに厨房がついて、トイレは汲み取り式。これで家賃が二万円。この本の元本が情報センター出版局から出たのは一九八一年。「この空間でこの値段は東京でいま時安い」と言うが、たしかに三十数年前も安い。そして、こう言う。

「こういうところに住むというのは、貧乏クサイをこえて、これはもうビンボーだ」。「貧乏クサイ」のはみじめだが、「ビンボー」は一つの境地だ。どうもクマさんはそう言いたいらしい。

その前に住んでいたのが四畳半一間の掘っ立て小屋で、やはり汲み取り便所。こういう貧乏物件を見つけて来る才能が、どうもクマさんには備わっているらしい。普通、不動産屋を介しては、とても紹介されないような住居ばかりだ。

クマさんは一九四二（昭和十七）年札幌生まれで室蘭育ち。文章の前後から推察して、四畳半一間に住んでいたのは、すでに三十を過ぎてからのようだが、「そんな小さな空間でも、芸術家のおれは、朝、顔を洗い、米を研ぎ、メシを食い、キモノを洗ってキンタマを洗うという『男の基本』を行ない、絵を描いていた」。

村松友視の対談集『こんな男に会ったかい』（日本文芸社）の「篠原勝之」編で、村松が「四畳半一間掘っ立て小屋」を訪れたときのことを語っている。

「妙なところだったよね。掘っ立て小屋なんだけど、〝庵〟と呼んでたんだ」

後述するが、四畳半は「庵」なのだ。続けて「それで『まあ、どうぞ、奥の方へ奥の方へ』って奥の方っていっても、奥は押し入れという感じなのね」と村松。「庵」だけに、それなりのもてなしが必要だと、クマさんは考えていたのだろうか。

便所は汲み取り。これをクマさんは「縦穴式トイレ」と呼んでいた。そう言われるとなんだか優雅だ。村松がこの「縦穴式トイレ」へ入るとき、クマさんは声をかける。「村松さん、オレのルームメイトに小便ひっかけるんじゃないよ」。ルームメイトが便所にいるのか、と思ったらこれがカマキリ。カマキリがハエを退治してくれるので、大事に飼っている。こういう発想が並みの人間とは違う。

この対談でクマさんが貧乏暮らしのなかで、重要なことを語っている。

「『つまらない世の中』って、いつだってつまらないんだけどね。『昔はよかった』って明治の人が言ったってね、そんなに面白いわけないいんだ、ほんとは。面白くない世の中をどうやって面白くやるのかってのが才能の問題でね」

四畳半を「庵」に見立てるのも、汲み取り便所を「縦穴式」と呼ぶのも、便所のカマキリを「パートナー」扱いするのも、想像力の世界で、いわば「見立て」である。これには金がかからない。お金がなければ遊べない、楽しめない人が世の中には多すぎる。お金がないとみじめになる、というのも想像力の問題、才能の問題だと、クマさんの若き日の生活を見ていて思うのだ。

四畳半「茶室」論

クマさんの「四畳半」生活のなかで「キンタマを洗う」は余計だが、要するに風呂なんか、めったに入らなかった、ということだろう。よく「起きて半畳、寝て一畳」ということがいわれるが、人間の基本的生活を営むなら、極端な話をすれば一畳あれば十分で、ただし一畳間という住居はあり得ないから、四畳半というのが男のデビューとして、もっとも身体にしっくりくる空間だと言えるかもしれない。七〇年代に流行った、かぐや姫の「神田川」を始めとする、貧しい若者の日常を私小説的に謳った歌は「四畳半フォーク」と呼ばれた。

四畳半およびその発展形である六畳間について、詩人・吉増剛造がこんなことを書いている（「魔の家」／『人生読本　住まい』河出書房新社所収）。

吉増曰《いわ》く、四畳半および六畳は、家族で住むには悲惨だが、地方出身の学生や若いサラリーマンとなると別。

「独身者一人の生活空間として考えるとき、木造民間アパートの四畳半や六畳はまったく異なった空間として機能していると考えることができるようだ。

茶室や数寄屋造りをみていて気づいたのは、あのアパートの四畳半や六畳は、そこに住む人間にとって、茶室のような役割を果し、茶室のように機能しているのだと感じたことであった」

なるほど、これは面白い。

四畳半の貧乏人は「茶人」

四畳半茶室説は、じつはそんなに突飛《とっぴ》なことではない。「ゆく河の流れは絶えずして、しかももとの水にあらず」の書き出しで知られる鴨長明『方丈記』は、一二一二年の作といわれるが、このサイズを表す「方丈」（一丈は約三メートル）こそ、現在のほぼ四畳半に当たる。同時に、寺の住持の部屋を「方丈」とも呼ぶようだ。京都賀茂御祖神社の神職の家に生まれながら、若くして父母を失い、出世の道を閉ざされた長明は、京都と奈良の県境にある山里・日野に庵を結ぶ。一二〇八年、五十四歳の頃だったといわれる。この方丈の庵で寝起きし、『方丈記』『発心集』などを執筆、六十二歳の死を迎えた。

また、庵のバリエーションとも言える茶室も、初期には四畳半が基本だったという。谷口研語「茶室を知る」（『さがしてみよう日本のかたち⑧茶室』山と溪谷社所収）によれば、「こうした中世遁世者たちの草庵が、侘び茶にふさわしい場として、草庵茶室のモデルとされた。将軍義政が営んだ東山山荘（慈照寺銀閣）の東求堂同仁斎は、四畳半つまり方丈の書院である。方丈の書院があらわれるのは、書院の茶から草庵茶室が生まれてくる第一歩といえるだろう」。

つまり、四畳半を根城とし、そこで生活する貧乏人は「茶人」ということになる。

「茶の湯の場は『市中の山居』であるから、草庵茶室では外観も内装も素朴で慎ましいものが要求される」と言うが、木造モルタル二階建てアパートの四畳半という「基本形」は、慎ましさを「要求され」なくっても、そのままで「草庵茶室」の条件を満たしている。

四畳半という楽園

武熊健太郎&杉森昌武責任編集『萬有ビンボー漫画大系』(祥伝社)という、素晴らしく周到な貧乏漫画研究本があるが、この副題が「四畳半という楽園」だ。そのまえがきを引用してみる。

「なぜか人はひとり暮らし、アパート暮らしに夢を見るようです。風呂なし、肉なし、クルマなし、オンナなし、肩書きなしの生活に、どうしてなのか、不思議な共感と刺激を覚えてしまいます。

万年床と散らかった四畳半部屋は、なぜか楽しそうに見えます」

取り上げられた作品は『漫画家残酷物語』『男おいどん』『義男の青春』『独身アパートどくだみ荘』『バイトくん』『めぞん一刻』『自虐の詩』『迷走王ボーダー』『大

東京ビンボー生活マニュアル』『無能の人』『ぼくんち』等々多数。私もまた、これらの作品を愛読してきた世代だ。

ちなみに、この本では、「貧乏」と「ビンボー」を使い分け、後者の表記を選んでいる。

「それは本書で取り上げた漫画の多くが漫画家を目指すとか、親元を離れ自活するといった理由での〝揺籃期で必然的に体験する金銭的不遇〟な状態を描いているからです。また、フリーター、フーテンやモラトリアムといった〝意図的な無職生活を営む〟ケースも少なくないことから、〝不可避の経済的貧困〟を描く漫画も含んで『ビンボー漫画』とカナで表現することがふさわしいと考えたからです」

つまり「貧乏」と「ビンボー」は違うというのだ。病気、倒産などの生活苦を抱えた家族の「貧乏」とは違い、どこか「自由」を選んだための居場所としての「ビンボー」と考えるべきかもしれない。「貧乏」は笑えないが、「ビンボー」なら笑える、と言ってもいい。「ビンボー」を自ら選んだ単独者にとって、四畳半というサイズは必要かつ十分な広さで、自分を活かすための「城」だとも言える。

四章「ビンボー漫画の大研究」では、杉森京子が「四畳半の歴史を研究する」と題して、「下宿」成立の歴史と、ビンボー漫画に登場するアパートの構造と間取りの変化を考察している。

四畳半が漫画のなかに輝かしく登場するケースとして、藤子不二雄Ⓐの自伝的作品『まんが道』が挙げられる。一九五四（昭和二十九）年に富山県高岡市から漫画家になるために上京してきた満賀道雄（安孫子素雄）と才野茂（藤本弘）は、最初、時計職人宅の二階に部屋を借りる。これが二畳間の間借りスタイルで、生活スペースは大家の一家と共有となる。

のちに神話化される漫画家アパート「トキワ荘」へ移るのだが、こちらは四畳半。引っ越しが決まって、二人が二畳間で「トキワ荘」の夢を語るシーンがある。

「四畳半か、いいねえ！」（満賀）

「四畳半といえば、ここの2倍以上の広さだからねえ」（才野）

続いて、才野が「たとえばここの二畳だとこうやると背中が後ろの壁にくっついてしまうけど……」と、満賀と一緒にランニングシャツで汗だくになりながら、寝巻きとなる着物がかかった後ろの壁にもたれる。そして次のコマでは、手を伸ばして畳の上に寝転がる想像のシーンとなって「これが四畳半だと、こうやって後ろへひっくり返っても充分ゆとりがあるわけだ！」と才野の言葉に呼応して、満賀も「わっ、えらい広さ！」。

『まんが道』を考察した同書収録の斎田亭彦の文章によると、「広すぎる四畳半」の家賃は三千円。後年「おんぼろアパート」と呼ばれたが、「当時は、上京した青年たちはもちろん、子供を持った夫婦でも四畳半に同居するのはごく自然なことだった。あえて比較すると、現在なら八畳相当のワンルームマンションをシェアしている感覚に近いだろう」と見ている。

『男おいどん』（講談社漫画文庫）

四畳半漫画の金字塔『男おいどん』

再び、杉森京子論文に戻る。『まんが道』の舞台となる「トキワ荘」は中廊下式で、汲み取り式便所と炊事場が共同。もちろん風呂なし。

『まんが道』のなかで、徹夜で仕事をしている満賀と才野が、夜中に炊事場に水を貯め、そこで水を浴びるシーンがあった。

「トキワ荘」とほぼ同じ構造が、松本零士『男おいどん』で、主人公・大山昇太が住む「下宿館」。『男おいどん』は、一九七一（昭和四十六）年より「少年マガジン」に連載。九州弁丸出し、メガネでちんちくりんな大山は、インキンタムシ菌の保有者で、シマシマパンツにくるまって眠り、押し入れでパンツから培養したサルマタケというきのこを、空腹時にはヤケで食べる。ラーメンライスが常食で、女性にはまったくモテない。

まさに「ビンボー漫画」の金字塔で、トップ10を選んだら、間違いなく一位に輝くはずだ。私は連載時よりリアルタイムで読んでいたが、これが映画化されるとしたら、主演の大山役は南こうせつしかない、と考えていた。

なお、八〇年代に『男おいどん』の実写版映画化の話が持ち上がるが、主演を郷ひろみと言われて、原作者の松本零士が断ったという逸話がある。いくらなんでも、郷ひろみが、女にもてず、インキンタムシの役がやれるとは思えない。

杉森によれば「大山昇太は家賃として四千円を渡していたが、一九七〇年代としてはかなりリーズナブル。当時珈琲一杯が一五〇円、都内の四畳半、ガス・水道つきの部屋が七〜九千円だったことから考えると、トイレ、水道が共同でも、『下宿館』の安さは捨てがたいものがあっただろう」と考察している。

これが一九七〇年代後半になると、四畳半ではあっても「各戸に玄関があり、トイレと台所（というか、単なる流し）も各部屋についている外廊下式のアパートが主流になっていく」という。ビンボー漫画では、大友克洋『シゲマ』や福谷たかし『独身アパート　どくだみ荘』などが、その代表例。「『どくだみ荘』は阿佐ヶ谷だが、建物からいって家賃はそんなに高くなかったはず。連載当初はくみ取り式トイレだったが、途中で水洗に変わっている」と観察が細かい。

私が大阪の高校で講師をしていた八〇年代、同僚の長髪、ヒゲ、痩身でジーパンをはいた国語の教師Oさんは、担任するクラスの男子生徒から「どくだみ」と呼ばれていた。まあ、似ていると言えば似ている。面と向かってもそう呼ぶため「おい、その呼び方、やめぇ」と怒っていたが、この時代、高校生でも知っている漫画だったわけだ。

ところで、いま四畳半に住もうと思ったら、家賃がいくらぐらいかかるのか。ネットで検索すると「四畳半ネット東京23区風呂なしアパート物件情報サイト」（4johan.net）という不動産サイトが見つかった。トップページに、CGで作った四畳半のイラストがあるが、壁にシャツとカレンダー、家具は三段の古いタンス、脚付きのテレビ、ちゃぶ台に座ぶとんが一つ。ちゃぶ台の上には急須と湯のみ二個がのっている。ほかに風呂の道具が入った洗面器、ダイヤル式の黒電話が畳の上にある。四畳半というと、どうしても昭和三十年代のイメージになるらしい。

果たしてどんな物件があるのか。「池袋」エリアで見ていくと、すべて風呂なし四畳半で、こんなのがあった。有楽町線千川駅から徒歩一分の「星美荘」家賃二万円。銭湯へも一分と至近。すべての物件に「銭湯」もしくは「コインランドリー」までの徒歩時間、それに外観、内観、窓からの景色などの写真がついている。これは便利だ。

西武池袋線東長崎駅から徒歩四分は「ひばり荘」で二万四千円。駅前スーパーも十一時まで開いているのがうれしい……って、なんだか不動産屋みたいになってきた。

山手線池袋駅から九分と少し歩くが「石井荘」は三万五千円。「すぐ裏の銭湯がなくなったのはいたいですが、古き良きアパートは健在なり」とコメントが。年数の経った古ぼけた木造アパートも「古き良き」とつけると、それが売りになる。

東武東上線下板橋駅から二分の「轟荘」は二万七千円で「とにかく生活しやすい」そうです。銭湯までは三分。

都営三田線新板橋駅から四分の「小田切荘」が珍しいのは、外観は古い木造アパートだがフローリング。「室内には手を入れた」というから、畳の部屋を改装したのだろう。銭湯まで三分。まだまだ、山手線の外側には、銭湯が残っている。

このサイトで、一番安かったのは「上野」エリアに入る、京浜東北線王子駅から徒歩九分という「吉野荘」。ここが一万六千円。コメントによると「外観はハッキリ言ってかなり古びています。トイレも和式汲み取り式」といいところがない。「でもこの家賃！」で、「夢や計画に向って頑張れる若者に使ってもらっています」というコメントが泣かせる。

こうしてみると、家賃が高いといわれる東京でも探せば二万円台で部屋が借りられることがわかった。いろいろ物件を見るうちに、学生時代の気分がよみがえって、また四畳半アパートに住みたくなってきた。いま仕事部屋は、本や雑誌や資料類で足の踏み場もなく乱雑をきわめ、ベッド以外に安らぐ場所もないが、もし四畳半を借りたら、なるべくものを置かず、畳の部屋で手足を伸ばして寝転がりたい、と思う。ラジカセもほしい。

都心に出たとき、週に一度でも、東京郊外の自宅へ帰る前に、「男の隠れ家」として、そんな場所が持てればいいと思う。月に二万円の出費はけっして高くない。

またアパートの名前がことごとく「星美荘」「ひばり荘」「轟荘」と、むかしふうの「○○荘」とついているのもうれしい。安普請の軽量鉄骨建築で、床がぺこぺこ鳴るようなマンションに「ヴィラ」だの「メゾン」だのと、恥ずかしい名前がついているのに比べ、よほど潔く情感があるではないか。

四畳半は最小ではなく「基本単位」

四畳半の話をもう少し続ける。

『萬有ビンボー漫画大系』に、都築響一

『TOKYO STYLE』（ちくま文庫）

への「キミよ、身軽であれ——。都市住居としての『四畳半』論」というインタヴュー記事がある。先にも書いたが、都築には東京で一人暮らしする若者たちの部屋を撮り続けた『TOKYO STYLE』というルポ写真集がある。そのなかに一九九〇年頃の四畳半生活が多く含まれているのだ。

その取材体験を通して、都築はこう言う。

「四畳半は思ったより広い、一人暮らしなら十分いけるな、というイメージになりましたね。生活の場として四畳半が『最小単位』のように思っている人もいると思いますが、最小というよりは『基本単位』でしょう。ぎりぎりではなくて、これでまずは十分」

カナダのトロントで「4＋1／2」（フォー・ハーフ）という日本の建築家のグループ展を開催する際、都築は試みとして、代官山にあった四畳半を三カ月借り切り、若い女の子に十万円の生活費を渡して住まわせた。若い女の子が十万円で三カ月を暮らした四畳半を、そのまま展覧会場へ移築、展示した。

「カナダ人やアメリカ人は、四畳半の広さを示されると、こんな狭い場所で暮らせるはずがないとまずは思うわけなんですが、実際には大丈夫なんだと」気づいたというのだ。

四畳半パラダイス

人間一人生きていくのに、四畳半のスペースがあれば十分で、むしろ、それで間に合わないほど物を増やしたところから、ある意味、堕落が始まる。特に独身男性が四畳半以上の部屋に住むとロクなことはない。

「四畳半という、これ以上の贅沢もいらない、これ以下だと暮らせないといった『方丈記』そのままの庵のような四畳半一間のアパートは、日本人の住居に関する意識が完全に欧米化されない限り、都市から消滅することはないのかもしれない」と杉森京子が書いている（『萬有ビンボー漫画大系』）。

畳数が増えれば、どうしても、空いているスペースに物を置こうとする。それまで必要なかったのに、粗大ゴミ置場からタンスを拾ってきたり、冷蔵庫を置いたりする。コタツ一つあれば、冬は暖房器具として使い、春夏はふとんをはがして、机がわりに使って十分間に合っていたのに、机を置こうとする。机を置けば椅子が要る。

不思議なもので、タンスを置けば、そのなかに収納する衣服が増えていくし、冷蔵庫があれば、やはり何かを入れて冷やしたいと思う。机があればスタンド、本立てと、知らず知らず物が増えていく。梅雨のカビと一緒で、場所があれば、それは繁殖してしまうのである。

おかしなことを言うようだが、そうした安物の家具や家電が増えれば増えるほど、四畳半は逆に貧乏くさくなるのである。さっぱり何もない、がらんとした四畳半は、汚れを知らず、清らかに見える。物を増やさないことこそが、正しい四畳半的生活の要諦である。

家賃を支払わずに済ます方法——尾崎一雄

『家賃に就ての考察』（『玄関風呂』春陽堂書店所収）という文章を書いたのは尾崎一雄（一八九九年生まれ）。家は代々、神官を務め、そのまま継げば、貧乏生活などと縁がない身分だったが、父親との確執から貧乏の道を選ぶことになる。

貧乏生活をユーモラスに描かせたら天下一品で、代表作『暢気眼鏡』で芥川賞を受賞するも、さっそく副賞の時計を質屋がわりに借金を続けていた古本屋へ持ち込み、呆れさせたエピソードを持つ。

『家賃に就ての考察』は、家賃や敷金について、さんざん苦労した身から考えた「家賃」論だが、二章はいきなり「家賃を払わずに済ます方法はないものか」と始まるから驚く。

もちろんそんなありがたい方法があるわけがないが、例えば「別荘番」案を持ち出す。本宅を東京に構え、たまに別荘へやって来る人のために、家族で住みつき、番をする。たしかにこれなら家賃はいらないし、給金も入る。ただし、尾崎にはいたずら盛りの子どもが二人もいる。柱や壁に落書きをするだろう。たまにやって来る主人に頭を下げるのもイヤだから、と却下している。

残る手が「化け物屋敷」だ。「化物が出る、幽霊が出る、そんな噂が立ってなかなか入りてがない。大家さんが閉口して、誰でもいい向う一年間黙って住んでくれたら家賃は勿論ただの上に、相当の礼をする」、そんな落語みたいな都合のいい家を探していたら、本当に見つかった。

タダではないが破格の家賃、その理由は?

耳寄りの話を持ち込んだのは、尾崎の若い友人で「K・D」。イニシャルになっているが、これは檀一雄。当時、東京帝国大学経済学部の学生だったが、家賃の苦心談から、どこかに「因縁つきの家はないものか」と言うと、「ありますよ、小滝さん」。ここで「小滝さん」とは、尾崎一雄の小説のなかでの名前。私小説は、よくこうやって自分の名前を偽名にする。めんどうだから、以下、檀一雄と尾崎一雄ということにして話を続ける。

檀が言うには、タダではないが、一軒家が十円で借りられるという。檀が東京帝大に入学したのは一九三二（昭和七）年。おそらく、この頃の十円は、現在の二万五千円～三万円に相当するだろう。とにかく破格であることは保証つきだ。

間数や家のつくりを問うと「うちと同じつくりです。つまり二階が六畳一間、階下が六畳に四畳半に二畳だから、普通なら二十五円から三十円と云うところでしょう」と言う。それで、幽霊が出るのかと「両手首を前でブランとさせて」聞くと、「出るもんですか」と笑ってみせた。

ただし、そこは「不義密通からの首くくり心中」があった家らしい。気味が悪いことは間違いない。

それを聞きつけた檀が、棟続きで二戸となったその両方の家屋を、二十五円で同郷の友人たち十人位で借りた。最初は、梁山泊を決め込み「トグロを巻いていた」が、一人減り二人減りして、とうとう二階にいる檀と、階下にいる友人の二人になった。それで片方の一戸が空いている。いまは自分たちが住む一戸に十五円を払っているから、残りの一戸は差し引き十円でいいはずだ。それを大家に檀が掛け合うというのだ。

「有難う。なるほど、こいつは十円では安い。階下が三間あればうちの者どもには十分、僕は二階を書斎にして悠々と納まっていられるわけだ。いや、是非越したいものです、そいつは是非越したい。が……」

と、最後の「が……」でためらったのは、『芳兵衛物語』などでおなじみ、尾崎作品のなかでは「芳兵衛」と呼ばれる愛妻が、「人なみはずれた臆病」で、「首くり心中」のあった家だと知れば、とても住めないだろうと躊躇《ちゅうちょ》したのだ。

結局、妻をうまくだまして、「家財道具一切合財を一台の荷車に積み、意気揚々と首縊りのあった家へ乗り込んだのである」。戦前まで、ごく普通の一般家庭の引っ越しは、荷車一台で十分済む程度の家財道具しかなかった。

喜んで引っ越しが済み、隣家へ挨拶に行ったら、檀は留守で階下の友人一人がいた。

翌日の午後、トラブルが起きる。家主と名乗る大男が手下を連れてやってきて、「いったいあんた方は、誰に断わってこの家へおはいんなすった」と大声で言うのである。どうやら、大家に話を通しておくと言いながら、檀がさぼったらしい。あわてて事情を説明すると、向こうも納得し、三日の猶予で家を空けてほしい、その間の家賃はいただきません、ということになった。

さてこの結末は？

なければ払わない

山田洋次の監督デビュー作「二階の他人」（一九六一　松竹）は、観ていて胃が痛くなる作品だ。郊外にやっとのことで二階建ての新居を建てたサラリーマン夫婦が主人公。ローン返済の足しにと、二階を間貸しすることになった。ところが、二階の夫婦は二カ月も家賃を滞納し、平気でいるのだ。

大家の葉室夫妻（小坂一也・葵京子）は、そのことで始終言い争いをし、取りたてのことでやきもきする。素人に家賃の取りたては難しい。しかも敵は二階にいて、同じ玄関を共有している。家賃のことを今日言うか、明日言うかで息を潜める葉室夫妻に同情を禁じ得ない。しかも、警官に相談したところ、訴訟となるとなかなか難しいと、どうも夫妻に不利なのだ。

お金がなければ、家賃の払いようがない。そう居直られては大家も困ってしまう。ここに、恐るべき家賃取りたての撃退法を実践した人がいる。画家の朝井閑右衛門。一九〇一年大阪生まれの閑右衛門は、一九三六年文展で大作「丘の上」により、文部大臣賞を受賞した第一級の洋画家。

ただし、個展もせず、画集も出さず、その生活は豊かではなかった。横須賀市田浦の二軒長屋を改造し、アトリエと住居にした。

これは舟越保武『石の音、石の影』で紹介されたエピソード。戦後間もない頃の話だろうか。中年の朝井が、アトリエの横の縁台に寝転んでシャボン玉を吹いている。ある夏の昼下がり、見ると素っ裸だ。

そこへ家賃の催促に家主がやってきた。

「『あのう、家賃を……』と言いかけて、朝井さんが腰に布一つつけていないその部分を見て、ハッと家主が立ちすくんだ。朝井さんは、ストローをくわえて臥ころんだまま、横目でギョロッと家主を見て、『ナアイヨ』とひと言。『ハイ』と答えた家主は丁寧におじぎをして帰って行った」

弱い立場にあるのは借り手の朝井であるはずが、いわば気合いで家主を撃退してしまった。人間としての貫禄負け、とでもいうか。この心弱き家主に、私は大いに同情したい。

爽快ナリ貧乏マンガの世界

前川つかさ『大東京ビンボー生活マニュアル』（講談社）を読む

一九八六（昭和六十一）年から八九年にかけて、最初「週刊モーニングパーティ」に単発で、次いで「週刊モーニング」と「パーティ増刊」に連載された漫画が、独身貧乏人下宿生活を描いた傑作『大東京ビンボー生活マニュアル』だ。八七年からワイドKCモーニングという大判単行本になり、九五年には文庫化された。いずれも全五巻。二〇〇五年には、上下巻で講談社から復刊されている。

大学へ入学するため、東北から上京してきたコースケ（耕助）は、卒業してからも無職のまま、杉並区の丸ノ内線沿線にある「平和荘」という木造アパートの二階、六畳間に暮らす。「東京で9番目の夏が来た」と書かれているから、おそらく二十七、八歳ぐらい。髪質は固くボサボサ、眉毛が濃く、目が点で描かれるほど小さい。小太りで、どう見ても女性にモテるとは思えないが、めちゃくちゃ美人の彼女がいる。

コースケの住む平和荘は、中廊下式、風呂なし、ガスなし、共同便所。ただし広い中庭があるため、日当りは良好。わりあい近くに銭湯やコンビニもあり、生活はしやすそうだ。一九八〇年代、丸ノ内線沿線の東高円寺から南阿佐ケ谷あたりと限定して、家賃はおそらく一万円台後半から二万円台ぐらいではなかったか。こういうビンボーものに必須な「家賃をちょっと待ってください」といった場面は出てこない。いや、そもそも家賃を大家に手渡すシーンも見られない。

プータローという言葉が、八六年当時あったかどうか。世の中はバブル景気に浮かれ、地上げ屋が暗躍し、ディスコのお立ち台ではワンレンボディコン女がケツ丸出しで踊り狂っていた。そんな風潮に背を向けるように、その日その日を、何を食べるかに腐心し、町の人々との交流を大事にし、愛される若者の姿を『ビンボー』は描いて痛快だった。ここには金がないことを潔く受け止め、あくせくせず、自由な時間を満喫するための知恵が詰まっている。「生活マニュアル」色の濃い第三巻ぐらいまでを、ここでテーマ別に徹底的に読んでみようと思う。

鉄壁のビンボー人グッズ

『大東京ビンボー生活マニュアル』1
（講談社）

連載化される前の、まだ「大東京ビンボー生活カタログ」と題していた第一話のタイトルページに、軍服姿で日の丸を掲げたコースケがいて、戦中のファッションに身を包んだ人々が後ろに立つ。そこに「ゼイタクは敵だ！」と大きな文字で戦中のスローガン。そのほか「ビンボーは思想だ人生そのものだ」「ビンボーはファッションだ」などと旗に書かれてある。ある意味、飽食の時代に、戦時中のような窮乏生活を試みようとしているのがコースケかもしれない。ただし、肩の力を抜いて、気楽に、楽しく。

まず「主要ビンボーグッズ」の紹介がある。「しんぶんし」は机の代わりで、畳に敷いて、そこでカップラーメンを食べ、コーヒーを飲む。しかも月極で購読しているのではなく、駅のゴミ箱から拾ってきたもの。

「あきかん」は灰皿代わり。コースケはハイライトを吸っている。コーラの缶より、シャケ缶など頑丈な方が半永久的に使える。ただし、「生ぐさいので、よく洗う必要があろう」など細かい。

「でんきぽっと」は、この部屋にガスがないためで、湯を沸かすために使われるが、ときにスパゲティも茹でてしまう。「使わないことも可能だが、ビンボー人的カップラーメンをいただく時かかせないものである」と注意書きがある。ほかに「わりばし」。

「かみぶくろ」は「洗たく物を入れたり、外出にかばんがわりに使ったり、と機能は多岐にわたる」という。

意外なのは「かわぐつ」で、外出するときもサンダルか下駄ばきの多いコースケには無用に思えるが、「靴だけはピカピカにみがいておくこと」と断言する。なぜか。「これによってビンボーが単に前近代的なものから超近代的な思想とファッションを取り込んだライフスタイルとして確立する」からだという。つまり、ビンボーは「思想」であり「ファッション」とする、前出の言葉につながる。まあ、半分は洒落だと思いますがね。

「食」について

『ビンボー』において、もっとも熱心に、具体的に解説されるのが「食」である。自由な時間はあるが、自由に金を使えない。自然と何をどう食べるかに費やす時間が長くなる。電気ポットを「カップラーメンをいただく時に絶対かかせない」と言いながら、じつはコースケはカップラーメンをほとんど食べない。『カタログ』のタイトルでの第一話で、新聞紙の上に、アルミカップ、缶詰缶の灰皿とともに、食べ終わったカップヌードルらしきものがのっているが、食べるシーンはない。袋もののインスタントラーメンも食べた形跡がなく、ラーメンはラーメン屋で食べるようだ。ただ、屋台のラーメン屋で知り合った浪人生（五浪）の下宿へついていったとき、彼の部屋で、

「焼いたモチをカップラーメンに入れた『力そば』」をごちそうになる。このカップラーメンは「カップヌードル」。

むしろコースケは、「のり弁」と「牛丼」の愛好者。この話題は何度か出てくるので、あとで詳述する。

コースケがどんなものを食べているか、ちょっと拾ってみよう。「パンの耳」が登場するのは、タイトルが『カタログ』から『マニュアル』に変わる第一話。三日間、「パンの耳の生活」だったと語られ、その実態が明かされる。

まず「パンの耳」は「行きつけのパン屋で、無料あるいは10円玉数枚で、手に入れる」。同じ「パンの耳」でも、切り落とした両側の縁、が入っていたら「当たり」で、この場合、キャベツやありあわせの野菜をはさんで食べる。普通の分割されたパンの耳は、レタスなんかでくるみ、マヨネーズやしょう油をつけて食べる、という。野菜を加えることで、栄養のバランスも考えているようだ。ここいらが、並みの「ビンボー」ではない。

「パンの耳」は三十一話でも再登場。ここで「パンがゆ」を作っている。この日、二百八十円しかないコースケは、食パンにジャムやマーガリンを十円で塗ってくれるパン屋で以下の買物をする。食パン（ジャム・マーガリン込み）八十円、パンの耳＝タダ、牛乳一リットル＝百七十八円。しめて二百五十八円。残った二十二円のうち、二円を貯金し、二十円で彼女に電話し、「夜『パンがゆ』をするんだ」と誘う。それで訪ねていく彼女もすごい。

さて「パンがゆ」の作り方。牛乳を加熱し、パンの耳は細かく刻む。熱くなった牛乳に砂糖を少し加えて、パンを入れてできあがり。あんまり試してみようとは思わないが。

「のり弁」礼讃

『ビンボー』にたびたび登場するのが「のり弁」だ。これこそ「究極のホカ弁」だと、コースケは考える。

ごはんの上におかかとノリ、コロッケ、ちくわの天ぷらのおかずがつき、たくわん、きんぴらが添えられる。これが「ごはんの主成分は炭水化物で、たんぱく質や脂肪に比べてより多くエネルギーに転換されるとゆー、まことに効率のよいビンボー人的食べ物」だと力説する。のり弁もここまでホメられれば本望だろう。

しゃけ弁とのり弁が同じ値段なのに、後者を選ぶ理由も述べられる。「ゲストのコロッケ、ちくわの天ぷらなどのほーが食欲的魅力において主役を凌駕《りょうが》している」と、なんだか大げさなのがおかしい。ちくわの天ぷらに「凌駕」という表現が出てくるとは思わなかった。

六十七話では、東京が久々の台風に襲われ、部屋にこもると決めたコースケが、「いつもの〝のり弁〟に思わずシャケをつけてしまった」ケースが出てくる。折れた傘で雨を浴びながら、下宿へ走って帰る途中、捨てネコを見つけ、連れ帰る。濡れたネコをタオルで拭き、しゃけ弁を二等分にして、ネコにやる。あっというまにネコは食べ尽くし、心やさしきコースケは、自分のために取っておいた半分のシャケもネコにくれてやるのだ。「結局〝のり弁〟になってしまった」というセリフが泣かせる。

ここでもう一つオチが用意されていて、翌日、大家に教えられ、そのネコが弁当屋の飼猫だと知り、弁当を買いがてら届けるラストシーンが用意されている。ここでもまた「のり弁」を買うのだが、弁当屋のおばさんが去っていくコースケに「シャケ入れといたよー」と声をかけるのだ。

「きのう消えたオレのシャケは台風が去ったその日もどってきた」とそこにドラマな

らナレーションふうに言葉がかぶさる。じつに粋な終わり方だ。

ところで、ここで初めて、「のり弁」の値段が二百八十円だということがわかる。六十七話が収録された単行本は一九八八（昭和六十三）年に出ている。「ほっかほっか亭」（『ビンボー』では、「ほっかほか弁当・平和堂」）のサイトでメニューを確かめると、「のり弁」に相当する「のりコロ弁」は関西でなんと二百八十円（関東では二百九十円）。コースケが買った二十数年前と、値段が変わっていない（単行本刊行時、二〇〇九年データ）。

コースケが自動販売機でタバコを買う場面で、「ハイライト」が二百円とある。ほかに都電荒川線の片道料金が百四十円、タイヤキが七十円、ナビスコのポテトチップが百七十八円、桃屋の「ごはんですよ！」が二百二十八円など、当時の物価がこの本からわかる。「ハイライト」が二〇一四年現在で四百十円。そこから、この二十数年で物価上昇率を約一・五〜二倍として、「のり弁」は四百円強になっているはずなのだ（二〇一四年五月現在、「ほっともっと」の〝のり弁〟は三百二十円なり）。コースケの言う「ビンボー人的食べ物」として値上げをせず、「のり弁」がいかに努力しているかがわかる。

牛丼を三倍楽しむ法

コースケが「のり弁」とともに愛するのが、吉野家の「牛丼」だ。例えば十三話。タイトルも「牛丼に満足!」。バイトのお金が入ったコースケが向かうのは「吉野家」だ。当時、並盛一杯がいくらだったかわからないが、この日は「1杯200円のサービス期間中」とあるので、おそらく二百五十円ではないか。二〇一四年現在、並盛一杯が三百円。物価上昇率から言えば、これも驚くべき安さだ。

コースケの「牛丼」味わい尽くしコースはこうだ。まず牛丼の並とビールを注文して、牛丼の具をつまみにビールを飲む。残ったごはんには、紅しょうがをたっぷりのせてお茶をかけて「しょーが茶漬け」にする。「これぞ牛丼を2倍楽しむ法である」という。

ところがこれで終わらない。サービス期間中を利用して、一杯はテイクアウトする。下宿へ持ち帰り、隣りの広田くんの冷蔵庫に入れてもらう。次の日、これをフライパンで炒めて「牛丼やきめし」を作る。「保存しておくと牛肉の油がういてくるので、油とかしかなくてもよい」と、ビンボーレシピが開陳され、「こーしてオレは2日がかりで牛丼を堪能した」が締めの言葉だ。

「牛丼」ネタでは、七十六話で、ビルの深夜ガードマンのアルバイトをして、一緒に組んだ空手部の学生と、翌朝、牛丼を食べに行く。深夜、学生が持参したおにぎりをもらったので、ここはコースケのおごり、となる。牛丼を空手部の学生より早く食べたコースケは、「ゴハンだけおかわり」をする。吉野家をホームグラウンドとして自在に使いこなしている。

十三話を読んでいて、ああそうだったと思ったのは、メニューを見ると、牛丼、牛皿、おしんこ、みそ汁、たまご、ビール、お酒とだけ書かれている。考えてみれば、二十数年前の吉野家は、たしかに牛丼単品の販売で、ほかのメニューはなかった。いまや豚丼、親子丼、うな丼（季節限定）に牛すき鍋膳定食、カレー、ロース豚焼定食とメニューも豊富になっている。「つゆだく」という注文もなかったような気がする。「つゆだく」は汁を多めにという意味のようだが、ちょっと恥ずかしい。「豚丼」も「つゆだく」もなかった頃の吉野家が私には懐かしい。

貧乏人は本を読め

私も学生時代、学費、部屋代、生活費をすべて自分で稼ぎ出していたから貧乏だった。大学生活四年＋聴講生として二年、大学生をやっていたが、海外旅行はおろか、国内旅行だってしたことがない。その日その日を生きるのに精一杯、という感じであった。

そんな貧しく孤独な生活に耐えられたのは、私には読書習慣が身に付いていたからだと思う。読書はまことに安上がりな娯楽で、しかも持ち運びが楽で、電源いらずでどこでも読み始めることができる。二、三時間没頭することもできるし、待ち合わせの十分、十五分でも時間がつぶせる。しかも図書館で借りればタダだし、古本屋の店先の廉価台で、一冊五十円、百円で読みたい本が手に入る。時間をもて余した貧乏人でありながら、本を読まない、という奴の気が知れない。

『ビンボー』のなかで、コースケが「食べる」「歩く」「寝る」以外に一番時間を費やしているのが読書だ。しかも、彼の趣味は相当しぶい。『ビンボー』に登場する本を、ちょっと拾い上げただけでも、正岡子規『仰臥漫録』『墨汁一滴』、『立原道造詩集』、阿部昭、新美南吉、蓮實重彥『監督小津安二郎』、『川崎長太郎選集』、『宮沢賢治全集』、『井伏鱒二全集』、『斎藤茂吉歌集』、沢木耕太郎『深夜特急』、ヘミングウェイ『海流のなかの島々』、足立倫行『人、旅に暮らす』、

『トーマス・マン全集』の第三巻など。いかに、コースケの読書における趣味がいいかがわかる。

退屈は読書の友達

特に、阿部昭の名前が出てくるとは思わなかった。阿部は一九八九年に五十四歳で亡くなった「内向の世代」の作家の一人。老いた元軍人の父親のこと、家族のことを私小説の流れをくむ作風で書いた。世代的には「内向の世代」に属するが、安岡章太郎など「第三の新人」の弟分といった方が近いか。代表作は『司令の休暇』『千年』『人生の一日』など。長らく鵠沼、辻堂東海岸に住み、強い光が包む湘南の風景を端正な文章で描いた。だから「夏になると阿部昭の小説が読みたくなる」というコースケの評は正しい。

しかし、コースケの部屋には本棚がない。タバコ屋のおばあちゃんから新美南吉を借りたり（このおばあちゃん、店番をしながら『銀の匙』を読むのだ。まことにシブい）、図書館でヘミングウェイ『海流のなかの島々』を読むなど、できるだけ本を買わないようにしているのかもしれない。百五十四話「雨の日のアスレチック」で、雨に閉じ込められ、身体がなまるのを避けるため、部屋で運動をする話がある。そのなかで、主に函《はこ》入りの重い本を十数冊、紐で十字にしばったものを片手で持ち上げて体操をするシーンがある。その背景の押し入れの戸が開いているから、おそらくいつもは読まない本を紐でしばり、押し入れのなかに保管しているのではないか。

なるべく物を持たない、置かないコースケらしい。それでも、年末の障子張りをしたお寺で、本をもらってくるようなことはする。そういえば、書店へ入って本を買うシーンが（読み落としがなければ）『ビンボー』にはない。金を使わなくても、時間がつぶせるという意味で、本ほど有効でありがたいものはない。コースケは部屋にテレビを置いていないことも重要で、テレビは読書の時間を食いつぶす。パソコンも携帯電話もまだない時代（あってもコースケが使うとは思えないが）、退屈は読書の最もよき友達だったのだ。

コースケの旅立ち

百六十五話の最終回で、コースケは、お寺の和尚から、四国の寺の住職になった知人のお坊さんに、壺を届ける役目をおおせつかる。行きの旅費しかくれないので、

「帰りは?」と聞くと、かっかっかと笑いながら「向こうでしばらく修行でもしてこいや」と言う。こうしてコースケは、彼女に見送られながら、今では夜行しかない大垣行きの鈍行列車で旅に出る。

『ビンボー』は、無口ながら人に愛されるコースケという人物を軸に、楽しく愉快に日々を送る人たちを無風状態で描く。町の人はみんなコースケが好きで、見つけるとすぐ声をかけ、優しさの渦に巻き込む。悪意の人、危害を加える人は出てこない。そんな現実があるわけがない。こんな冴えないコースケに、なんであんなに可愛い彼女がいるんだ。上京して九年で、これほど知り合いができるわけがないではないか。

そんな批判は野暮で、これは作者が考える一種のユートピアなのである。単行本の最終巻となる第五巻は一九八九年十一月に出るが、時代はバブルまっさかり。金にあかせてモノを買い続けるアニマル日本人の反措定としてコースケがいる。コースケは、なるべくモノを持たないことでお金も使わない。飽食の現代社会における、一種の挑戦と言ってもいいだろう。

物を持たないことの自由

コースケが読んでいた『深夜特急』の著者、沢木耕太郎がエッセイ集『バーボン・ストリート』（新潮文庫）所収の「ポケットはからっぽ」という文章で、こんなことを書いている。

沢木は「物に対する関心、あるいは執着心といったものが極端に薄い」と言う。それは十代の頃から変わらぬ性向で、オーディオの機器や車やファッションにも、まったく興味がなかった。それは「趣味とか嗜好とかいった領域においておそろしく貧しい人生を送っているともいえるが、当人は格別それを寂しいとは感じていない。むしろ、喜んでいるといってもよい。それは、私の心のどこかに、物が少なければ少ないほど生きやすいという思いがあるからなのだ」。

まるでコースケがその後、アジアの貧乏旅行を体験したのち、ノンフィクション作家になって書いた文章みたいだ。『ビンボー』の読者は、おそらく誰も、コースケの人生を「貧しい」とは思わないだろう。

沢木はこうも書く。

「物を持たなければ持たないほど自由さは増していく。物にしばられ不自由になりたくはない」

「物を持たないことの自由」を選択した人間は、貧乏しようと思って貧乏になっているわけではない。物を持つためにお金を稼ぐ。その欲望は増幅し、やがてとめどもなく物を買い続ける。物にあふれかえった部屋で、やがて自分が本当に欲しい物が何かを見失う。いま地上にあふれかえっている、そんな愚かな所有者になることを、最初から拋棄《ほうき》しているのである。

コースケが最終話で、荷造りをして部屋を後にするシーンでも、いつもコースケが暮らしている部屋と何ら変わらない。最初から物がなければ、いつでも長い旅に出ることもできるのだ。近所に散歩に出るように旅をする。その身軽さは、物だけではなく、心の部分でも同じだろう。

『ビンボー』全体にあふれる爽快感は、そんなところから来るのかもしれない。

第五章 これだけ押さえればＯＫ！ 古今東西借金術

有名人の借金術

俺の借金全部でなんぼや

三上寛／詞　上田正樹・有山じゅんじ／曲・歌

お好み焼屋のゆうちゃんから5000円借りて来て
全部パチンコで負けてもたから
乾物屋の中西に8000円借りた

そやからゆうちゃんに3000円返して
2000円だけ競馬をやったら
19000円勝ってしもた

その中から6000円乾物屋の中西に返して
残りで飲みに行ったら
3600円足れへんかった

馴染みの店やし明日払うわ言うて
帰りに車代1000円借りた
途中でアルサロのくんちょうに会った

くんちょうがポーカーをしようと言うたので
おかまの五郎ちゃんと朝までやってしもた
結局5000円負けてしもた
あくる日有山に6000円貸した中から
なんぼか返してくれと言ったら

3200円返してくれた

俺の借金　全部でなんぼや
俺の借金　全部でなんぼや
俺の借金　全部でなんぼや

これは、上田・有山コンビによる、大阪弁ブルースの傑作。いったい、「俺の借金全部でなんぼ」になるのか、ヒマな方は計算してみてください。しかし、これだけ軽々と、人から借金できる「俺」の性格に憧れてしまう。どうみても、ちゃらんぽらんで、賭け事と酒が好きで、働きのなさそうな男に、よく金を貸すもんだと感心してしまう。友人関係をこわすのはじつに簡単で、すぐ返すと言って金を借り、その後顔を合わせても、借金の「し」の字も口に出さず、普通につきあいを続ければいいのである。それでも、相手が何一つ文句を言わず、変わらぬつきあいをしてくれるとしたら、そいつは本当の友達だ。

いや、しかしこうも言える。親友とは何か、と聞かれたら、本当にお金に困ったとき、あいつからだけは借りられないと思う相手が親友なのだと。これは、誰かがどこかで書いていた。

私は心の狭い人間で、金の貸し借りが人間関係をこわす、と本気で信じ込んでいるから（根拠はあるが、ここでは書かない）、貸すのも借りるのもキライである。しかし、本当に困ったら、とてもそんなことを言っていられない。人の情けにすがるしかない局面が人生において訪れる。

映画に表れた昭和日本の風物、できごと、モノなどを採集し、みごとに腑分けして解説したのが川本三郎『映画の昭和雑貨店』（小学館）。そのなかに、「借金」の章がある。ちょっと紹介してみよう。

「ぼちぼちいこか」（徳間ジャパンコミュニケーションズ）

「まだ貧しかった戦後。その頃の日本映画には、借金のエピソードが非常に多い」という。言われるまで気づかなかったことだ。「母親が、子どもに知られないように質屋に行く。事業に失敗した男が、昔の女のところに金を借りに行く。失業した男が、友人に頭を下げげに行く。みんな、わずかな金に困っている。それが普通の時代だった」

と川本は言う。たしかにそうかもしれない。夫に職がなく、あっても安月給。また昭和の前半、一家に子どもが四人、五人は当たり前だったから、どうしたって生活が苦しくなる。ろくに家具も電化製品もなく、したがって光熱費ははなはだ額が低く、外食なんてとんでもない、貧しい食卓をなんとかやりくりするような生活。それでも何か突発的に金が必要になると(例えば病気)、もう人に頼らざるを得なくなる。借金はキライ、などと言ってる私は甘っちょろいのかもしれない。

川本は同書で、特に成瀬巳喜男の映画には「借金の話が多い!」と指摘する。元芸者の杉村春子が、昔の仲間相手に高利の金貸しをする「晩菊」、柳橋の芸者置屋を経営する山田五十鈴が資金繰りに困り、姉さん格の栗島すみ子から十万円を借りる「流れる」、そして究極は「浮雲」。事業に失敗し、妻は病死するが、その葬式代もない森雅之が、かつての愛人、いまは米兵相手のオンリーの高峰秀子に恥をしのんで金を借りに行く。情けない！

借金をすることとは、ウソ偽りない、裸の自分をさらすことであり、虚飾をはいだ人間関係を露呈させる。庶民生活のあられもないリアルな姿を描くのが得意だった成瀬が、「借金」を映画に登場する人物にさせたがったのは、当然かもしれないのだ。

岡本喜八発明の「借金術」

同じ映画の世界から岡本喜八のエピソードを引く（安原顯編『私の貧乏時代』メタローグ）。映画界のヒエラルキーにおいて、スターを除けば監督が頂点で、そのまた監督のなかでも客の呼べる者とそうでない者は差がつく。その下の助監督といえば、「助」はついているものの「監督」とは待遇が極端に違う。岡本喜八もチーフの助監督時代、いわゆる赤貧洗うがごとき生活を送っていた。

「どうしても月末が苦しくなって、ちょいとした『借金王』となる。それも千円札以上の大金を借りるのは貸す方も若干の抵抗があるだろうからと、二百円とか三百円、せいぜい五百円、人畜無害の少額借金である」

岡本喜八の初メガホンは一九五八（昭和三十三）年の「結婚のすべて」。となると、この話はその少し前。昭和三十年前後の金銭感覚を、千円が一万円、百円を千円に換算すれば、なんとなくその空気がいまに伝わるか。

たしかに、二万円、三万円と言われると、さすがに躊躇するが、二千円、三千円となれば、はるかに財布の紐が緩くなる。「ある時払いの催促なし」という言葉があるが、人に金を貸すときは、額にもよるが、半分くらいは返らないことを覚悟しなくてはならない。「人畜無害の少額」が、岡本が考える借金の要諦で、それで足りない場合は複数に声をかければいい。

岡本の「借金術」はそれだけではない。

「スタッフルームのロッカーのドアを帳簿代わりに、白墨でA君二百円B君三百円と書いておくと、貸す方も安心して毎月貸してくれるという、私、発明の借金術であった」

たしかに、借りた金の額と人名を書いておけば、これだけで返す意思あり、というデモンストレーションになる。本当に返すかどうかは二の次。借りた方は忘れても、貸した方は決して借金を忘れない。私は、あなたにいくらいくら借りましたよと申告しておけば、ほかの人からも借りやすくなる。なかなかの知恵者だ。借金する人は、お金がないなら、せめて頭を使わねばなりません。

借金話はすぐに切り出せ

同じような「少額借金」術を実践していたのが、落語家の春風亭柳昇。「おおきなことを言うようですが、今や春風亭柳昇といえば我が国では……私一人でございまして」と枕の決まり文句に使った人物で、昇太はその弟子。その師匠の貧乏話。

一九五一（昭和二十六）年に結婚した柳昇だったが、家計に苦しむ妻から、よく借金してこいと迫られた。柳昇曰く、借金をするときは「コンニチハーお金貸して」と単刀直入に切り出すことが大切。

なぜなら「つい世間話をしたら、なかなか切り出せなくなってしまう。こいつは何しに来たんだと思われちゃいますから」。言いにくいことは、後回しにせず、何をおいても最初に切り出せ。これは、借金だけでなく、ほかのことにも通用しそうだ。

そして、「少額借金」の話。柳昇の師匠は六代目柳橋だが、師匠には直接言わず、お上《かみ》さんに借金を申し込む。その方が言いやすいからだ。そこでお上さん。「『アラ、いいわよう。いくら？』って聞くから4000円と言ったんです。『エッ、それっぽっち』と言うんですね」

憶測だが、芸人の世界で借金をする、それも師匠の家からとなると、もっと高額が想定されているのかもしれない。

チリも積もれば式

少額の借金でも、集めれば多額になる。そのもっともセコい例が竹中直人。エッセイ集『少々おむづかりのご様子』（角川文庫）に書かれてある。竹中は一九五六（昭和三十一）年横浜市生まれ。多摩美術大学美術学部グラフィックデザイン学科を卒業しているが、在学中はどうやら、八ミリ制作に勤しんでいたらしい。この大学時代の貧乏話が面白い。

「学生の頃、私は授業をさぼっては、よく映画を観に出かけていった。それも自分のお金ではなく」友人の金をあてにしていた。どうするのか。学内ですれ違った友人一人ひとりに、「わるい、100円貸してくれないか」と次々声をかけ、十人、二十人から借りる。竹中によれば、当時映画の料金が、ロードショーで六百円、名画座で二百円だったそうだ。千円、二千円の借金で十分「おつりもくるし、交通費も出る」というわけだ。

一九七九（昭和五十四）年七月、例の手を使って、銀座でゴダールの「女と男のいる舗道」を観た後、街をぶらつく。洋書屋で、スティーグリッツが撮影したオキーフの写真集『A PORTRAIT』が目に入る。つきあっている彼女がオキーフの大ファン。なんとかプレゼントしたいが、一万円もする。あきらめて家に戻り、彼女にその話をしたら、やっぱりその写真集を欲しがった。二人で銭湯へ行った帰り、雨上がりの道で四千円を拾う。あと六千円あれば……。さすがに今度は、一人百円というわけにはいかない。六人から六千円を借りて、無事、写真集は彼女の手に渡った。

借金数珠つなぎ

借金をするには、生活に余裕のある人に頼むにかぎる。しかし、若い頃は、つきあいも狭く、親兄弟を除けば、学校の友人や先輩、バイト先の知り合いなどにかぎられる。選択肢が非常に少ない。それも五百円、千円の金に困る場合。これは緊急を要するので、どうしても身近な友達から、となるようだ。

作家の原田宗典が「何しろ金がなかった」(「野性時代」二〇〇八年八月号)というタイトルで、借金を巡る悲喜劇を回想している。

「二十歳のぼくは、何しろ金がなかった。思い返せば、それは一九八〇年(昭和55年)のことになる」

と書き出される。原田宗典は早稲田大学に通う学生で、大学近くの六畳一間、トイレ付きアパートで暮らしていた。親からの仕送りもなく、毎夜、ビルの床洗いのアルバイトで生活費を稼ぎ出す日々。それでも月末になると、「バイト料まであと三日……で、二百円しかない!」、なんてことになる。どうにも腹が減って冷蔵庫を開けたら、なぜかビン詰めの「練りウニ」が一ビン入っているという状態。まぬけにもほどがある。

こうなると、友達を頼るしか手はない。二十歳の原田は、練りウニのビンを持って吉祥寺の友人を訪ねる。N岡君という。ところがN岡君は、原田の顔を見るなり「お原田よ、千円かしてくれないか」と言った。先手を打たれた、というやつである。

二人は「友達の友達」を頼って、こんどは井の頭公園を越えて、三鷹寄りのアパートに住むH君を訪ねることにした。「二人とも、もうれつに腹ぺこだった」。ようやくH君のアパートにたどりついた二人だが……結果はもうわかるだろう。彼はこう言ったのである。
「おお、お前ら。ちょうどいいところに来てくれたなァ……五百円かしてくんない？」
作ってんじゃないか、と思えるほどよくできた話だが、またいかにもありそうな話でもある。N岡君が千円で、H君が五百円と、借金の額が下がっていくのがまた情けない。

三好達治「借金の天才」

母よ――
淡くかなしきもののふるなり
紫陽花《あぢさゐ》いろのもののふるなり
（「乳母車」）
太郎を眠らせ、太郎の屋根に雪ふりつむ。

次郎を眠らせ、次郎の屋根に雪ふりつむ。

（「雪」）

誰でもその断片が記憶にある、よく知られた詩を書いた三好達治を、桑原武夫は「借金の天才」と呼んだ。フランス文学者で友人の河盛好蔵も「印税の前借も用意した上で、三好君には翻訳を頼んだ」と書いている。河盛は、新潮社で出すフランス文学関係書の編集顧問をしていた。

三好はボードレールを始め、多くのフランス文学の翻訳をしている。竹之内静雄『先師先人』（講談社文芸文庫）から、「借金の天才」なるゆえんを紹介する。

三好達治は一九〇〇（明治三十三）年大阪市生まれ。父親の命令で、十五歳にして中学を中退して陸軍幼年学校へ入学。士官候補生を経て士官学校へ進学する。そのまま行けば、陸軍大佐への道も開ける。当時のエリートコースで、借金生活などとは無縁のはずだった。

ところが、一九二一（大正十）年、父・正吉が事業に失敗し、家業の再建を計るため、士官学校を中退することになった。三好達治はのちに「あの、軍人を止めた時の、あの苦しみと難しさを思えば、人間、どんな事だって、できない事はない、おれは、そう思って生きてきた」と、竹之内に語ったという。竹之内は筑摩書房の編集者。親の遺産など皆無、親戚の助力で三高を出た三好は、以後自分の食い扶持《ぶち》は自分で探さねばならない人生を送ることになる。詩人なんて商売は、いつどんな時代でも金にはならない。どうしても借金生活に陥る。そのため「三好達治はカネに汚ない」と、かげで言う者が現れた。

竹之内はそれをきっぱり否定する。

「それは人を見る眼が無い事をみずから表白したにすぎない。／じつは私をたずねてくるときも、ドアをあけるなり、大きな声で、／『たけのうちくん、カネ貸してくれよ』／と三好さんがどなるので、経理の女の子たちは、下をむいて笑いをこらえる。そういうことが何回かあった。」

つまり、借金することについて、我が身を何ら恥じることなく、それが当然のごとく、堂々としていたというのである。三好達治の人がらをよく知る者なら、それが稚気に満ちた、いかにも三好らしい態度だと思えるし、知らない者ならずいぶん傲慢な人に見えただろう。

それでは、三好が本当に「カネに汚ない」人物だったか、どうか。こんな証言がある。文芸評論家の巖谷大四の『文壇紳士録』(文藝春秋)から。一九六二(昭和三十七)年の春、著者は銀座のみゆき通りで三好達治とばったり会った。このとき、三好は六十一歳。

「やあ、しばらくだね、君。一緒に呑もう。今日はいい日だ」とごきげんの様子で、巖谷を坂口安吾未亡人の店「クラクラ」に誘った。ちょうど、筑摩書房から『定本三好達治全詩集』が出たばかりで、その印税をもらって来たという。「金うんともってるんだ。愉快なんだ。呑もう」と大変なごきげんだ。「自分も呑み、私にも、そして店の女の子たちにも、じゃんじゃん呑ませた」という。

せっかくまとまった金が入って、それを費消してしまえば、また翌日から困ることがわかっているのに、使わずにはおれないのだ。だから、お金が一向にたまらない。また、「たけのうちくん、カネ貸してくれよ」と言うのだろうか。

しかし、資金を計画運用して、ムダなく合理的に、規則正しい生活を送っているような人が書いた詩なんて読みたくないということだけは、はっきりしている。

貧乏を飼いならす

三好達治に「貧生涯」という長めの一文がある（『三好達治全集』第九巻、筑摩書房）。貧乏生活を面白く読物風に書けという依頼だったようだ。「文学者の貧乏なんかは、タカの知れたもんですよ」と言いながら、川端康成のエピソードを紹介している。

「昔し川端康成先生は、玄関先に家賃のさいそくらしい声をききながら、二階で碁を打っていられた。落ちつき払って碁を打っていられた相手は、つまらぬ大学生で、即ち私であった。催促の声は相当手きびしげに聞えたが、川端さんは四目を置かせた私の碁をのぞきこむようにして、神色自若たるものがあった。私も別段はらはらとするような心境ではなかった」（新字・新かなに改めた。以下同）

家にいながら、催促の声を無視して、居留守をつかうことはできるだろう。しかし、まったく平気で、碁を打つなんて芸当が私にできるかと言えば自信がない。息をひそめて、二階の窓から、大家が去っていくのをじっと見届けるぐらいが関の山だ。川端康成はすごい。また、三好も貧乏の底で、たじろがず、自分の姿勢を崩さない術を先輩作家から学んだのだろう。

このあと、三好は井伏鱒二の「歳末閑居」という詩を引用している。井伏が暮れの三十日、梯子をかけて屋根に上る。眺めがいいと、煙草を一服する。すると、平野屋

（酒屋だと思われる）は「今日も留守だねと帰って行く」というのである。

彼らの姿を見て、三好はこう書く。

「貧も風流、こんな言葉は私の手製であって不出来な用語であるが、私はそれを自家用として自分にいい聞かせいい聞かせした。そうしてそれに、無器用な鴉でも飼い狎らすように、自分を飼い狎らすことをいつのほどにか習慣とした」

貧乏も飼いならすと、それが自分の身に付き、風流として眺めることもできるというのだが、本当だろうか。人生は、果てしもなく続く修業の旅のようである。

無心状もラブレターの一種

中国文学者で評論家の故・草森紳一に「愛想づかし」という文章がある（小説新潮臨時増刊『書き下ろし大コラム個人的意見』新潮社、一九八五年）。ここで草森は、「借金のしかた」に三通りあり、「面談がある。電話もある。それでもらちがあかなければ、手紙となる」と分類し、「お金の無心状もラブレターの一種」であり、「ラブレターより、はるかに切なくも切羽つまった『愛』の表現ではないか」と独自の理屈を展開している。

たしかに、会って借金を申し込むには勇気がなく、電話ではいささか軽卒だと判断したとき、人はかつて手紙を書いていた。手紙を書くという手間な行為に、心情を込めたのである。いまや、人は手紙を書かなくなったから、借金を申し込むとき、意外に手紙が効力を発揮するかもしれない。メールで、なんて安直なのはまずダメだ。墨をすり、巻紙に毛筆でしたためた借金申し込み状が届けば、どんな人でも心が動かされるのではないか。

草森が借金に手紙を最大活用した人物としてドストエフスキーを挙げている。「ドストエフスキーといえば、彼は、借金魔であった。貧乏していたせいもあるが、借金の魅力にとりつかれていた。彼の書簡集を読むと、一思いに百パーセントといってよいほど、その内容は借金の申し出である」というのだ。

ドストエフスキーはとんでもない浪費家にして借金野郎

ドストエフスキーとくれば、帝政ロシア末期の「超」のつく文豪で、二〇〇七年に亀山郁夫の新訳『カラマーゾフの兄弟』（光文社古典新訳文庫）がベストセラーとなり、たちまちドストエフスキーと訳者の亀山郁夫ブームが起きたことも記憶に新しい。同書の第五巻に収録された、訳者自身による「ドストエフスキーの生涯」に、その貧乏ぶり、借金癖がいかんなく描かれている。ちょっと拾ってみようか。

一八四四年、二十二歳だったドストエフスキーは、遺産などで比較的豊かだったようだが、ビリヤード賭博に熱中してしまう。これは「極端に内気で人づきあいの苦手」な性格のためだったと亀山は言う。若きドストエフスキーは、遺産の後見人から送られてきた「千ルーブルを、レストランでの食事やビリヤード、ドミノ賭博に使い果たしたあげく、翌朝には五ルーブルを無心に行き、同宿の医師のどぎもをぬいた」。当時のロシアの貨幣価値についてはわからぬが、感じとしては、日本円で百万円を一晩で使い果たし、五千円を借りに行った、という感じか。

皮肉にも『貧しき人々』というタイトルの小説を一八四五年に発表し、これが激賞され、文壇に一躍躍り出る。この成功が金をもたらす。しかし……。

「もともと浪費癖のつよい彼の生活に、さらに破滅的な影がきざしはじめた。この作品の買い取り額は百五十ルーブルにすぎなかったが、彼の才能に注目した編集者は、原稿代の前貸しという餌で彼を縛りあげ、放蕩の底に沈めていった。このような状況のなかで、ドストエフスキーの浪費はいよいよ病的な色を帯び、わずか半年間に、四千ルーブルを使い果たす時期もあった」

だから、一八四五年のロシアにおける四千ルーブルがどんなものかわからないんだよ、亀山先生。何の根拠もない、先ほどの私の勘による貨幣価値に換算すれば、四千ルーブルは四百万だが、これだと少ないか。

まあ、とにかく若きドストエフスキーは文学の才能を除けば、とことんダメな奴だった。それからも、政治運動にかかわり逮捕され、死刑宣告を受け、銃殺される寸前に恩赦で助かるなど苦難の道を歩む。けっして真似したくない生涯だ。

考えてみたら代表作『罪と罰』も、貧乏学生が借金を重ね、高利貸しの老婆を殺害する話だった。この『罪と罰』執筆中も、借金から逃れるための外国生活を続け、ドイツから友人に送った手紙は、すべて中身は借金の申し込み。

「ホテルを一歩も出られない。借金で八方ふさがりだ」「即金で三百ルーブル送ってくれるところがあれば、どこでもいいから契約したい」等々。

借金の申し込みこそ文章修業

さて、ここで草森紳一の「愛想づかし」に戻る。草森は書簡集のなかから、こんな手紙を引く。

「お父さん、あなたは困ったら遠慮なく言ってこいとおっしゃってくださいました。たしかにぼくは今ひどく貧乏です。お父さんに手紙を出すのにも借金をして、返すあてもない有様です。少しでもいいですからすぐに送ってください。ぼくを地獄からひき出してください。おお、極貧に追いつめられるのは恐ろしいことです」（工藤精一郎訳）

ときにドストエフスキー十七歳。この手紙の上手さを、草森は「脅迫と嘆願をたくみに交互にまぜて用いていて、『借金術』の才をすでに見せている」と解説している。そのあとにも「まわりじゅう借金だらけ……ぼくは破滅です。返済の期限はもうとうに過ぎています。ぼくを助けてください」と書き付ける。これも草森は、「父が難詰しそうなことをすべて先取りし、追伸では『だめなら、一年余分に（学校に）いるほかはありません。お父さん、これはあなたのためです。ぼくはどちらでもかまいません』と脅迫している」と、その手口の二段、三段構えの巧妙さにあきれている。

つまり、若きドストエフスキーは、父親や兄、そして友人に借金の懇願をする手紙を書くためにレトリックを駆使した。ありったけの文才を投入した。草森もそこまで書いていないが、膨大な無心状が、ドストエフスキーという大作家の文章修業の役目を果たしたとも言えるのである。ただ、草森もこう書いている。

「ドストエフスキーは、自分が好きな相手には、『仏の顔』を百度も千度も繰り返してもらうように、文章の呪力によって苦心惨憺した」

こうなると、難解だと敬遠しているドストエフスキーを、ちょっと読みたくなるだろう。

石川啄木――借金王ナンバー1

東海の小島の磯の白砂にわれ泣きぬれて蟹とたはむる

はたらけどはたらけど猶わが生活《くらし》楽にならざりぢつと手を見る

ふるさとの訛なつかし停車場《ていしやば》の人ごみの中にそを聴きにゆく

たはむれに母を背負ひてそのあまり軽きに泣きて三歩あゆまず

このうち、一つも作品を知らないという人は、まず少ないのではないだろうか。啄木は一九一二（明治四十五）年に二十六歳という若さで亡くなっているが、時代を超えて愛唱される歌を作り国民的歌人となった。いや、小説も詩も評論も書いているのだが、まず残るのは、日常の生活のなかで、ためいきをつくように紡ぎ出した歌たちだろう。

啄木の歌がよく知られるのは、なんといっても国語の教科書に採用される常連だからだ。作品と一緒に必ず掲載される、額の広い、円《つぶ》らな眸《ひとみ》を持つ面立ちの肖像とともに人々は記憶する。いかにも若くして亡くなった天才歌人の、いいイメージだけが心に残るのである。

いま手元に、ポプラ社刊の『子どもの伝記全集　石川啄木』の巻がある。小学校の図書室に必ず並べられていた伝記ものの一冊で、全四十六巻のうち、日本の近代文学者で選ばれているのは、啄木のほか、宮沢賢治、夏目漱石、北原白秋のみ。これが、小学生がイメージする日本の文学者の見本、ということになる。

この巻の「はじめに」では、「啄木は、『詩人は、一にも人、二にも人、三にも人だ。』といいました。にんげんが、りっぱでなければ、いい詩は生まれるものではないといったのです」と、著者（山本和夫）の手で書かれている。続けて、貧乏に負けずに、「この世の中が、正しく、うそいつわりのない、きよらかな世の中になるようにと、ねがっていました」と、この恵まれない天才詩人のイメージを大いにもり立てている。小学生なら、なんの抵抗もなく、清らかな、正しい啄木像を頭に焼き付けるだろう。ところがこれは大間違いなのだ。

生涯の借金は現在の額で一千万円

経済的側面から啄木の生涯を圧縮した傑作、関川夏央の「石川家の家計簿」（『ただの人』の人生』文春文庫所収）を読むと、教科書や子ども向け伝記で得た啄木のイメージが百八十度ひっくり返る。なにしろ、死を伝えるその末尾はこうだ。

「四月十三日に香典が百二十円集まった。翌日には二十六円きた。合計百四十六円は啄木の生涯最後にして最大の収入だが、合計二千円ほどの借金を考えるならば、彼の人生の家計簿はついに大赤字のままで終わった」

関川は、明治四十年代（一九一〇年頃）の一円を、一九九〇年代の物価に換算して、「啄木のような浪費的なタイプの借家生活者は五千円程度の価値を実感しただろうと思われる」としている。それからすると、啄木の借金二千円は、現在の一千万円に相当する。

金貸しや銀行に頼らず、二十六歳の若さで、一千万円もの大金を知人、友人から借金できたというのがなんともすごい。彼の残した歌よりすごいかもしれない。つまり、啄木の生涯を一言で言うなら、「借金の天才」というしかない。

ところがポプラ社版の伝記で、この「借金」癖について触れているのは、たった一カ所。

「啄木は、上京してからも、あいかわらず、びんぼうでくるしめられました。このくるしみをたすけてくれたのは、いまは東京大学をでて、海城中学の先生になっていた金田一京助さんでした。金田一さんは、荷車二台ぶんぐらいの本をうって、たすけてくれたこともありました。啄木は、びんぼうな上に、げんこうが思うようにかけないので、ひかんして、電車にひかれて、死のうかとかんがえたことが、二かいもあったといいます。それから、また、ほかの友だちに、お金をかりましたが、お金をかりるときに、でたらめをいったので、『うそつき』とか『ほらふき』とさえいわれたこともありました」

いたいけな小中学生に、天才詩人・啄木を悪く言うのは、これがギリギリの線だったろう。「はたらけどはたらけど猶わが生活楽《くらし》にならざりぢつと手を見る」という歌もあるぐらいだから、啄木さんがどんなに一生懸命働いても、世の中のせいで、こんなに苦労をしたんだ、と好意的に解釈してもらえそうだ。しかし、この程度で、一千万もの借金はできやしない。

悪い奴なんだ、啄木は。

どうせ貧乏するなら東京だ

彼は故郷・渋民村で代用教員を務め、二十歳で節子という妻を得て、すでに一家をなしていたが、給料の前借りばかりして、貧窮を極めた。

「その経済生活は無茶なもので、家族を友人の手にまかせたまま、送金もせずに放置するなど、無軌道放縦をきわめた」と伊藤整が書いている（『日本の詩歌5石川啄木』中央公論社）。

その貧窮ぶりは、着るものを含めて、いささか異常であった。

「彼は洋服を持たず、教場へ出るときは、色褪せた黒紋付一着で押し通した。夏が来ても、彼は単衣を持たず、九十度の炎熱に古袷一枚で汗を流し、夜は吊るべき蚊帳がなかった」（杉森久英『啄木の悲しき生涯』）

そんな啄木だったが、一九〇二（明治三十五）年十一月からたびたび、北海道と東京を往復している。北海道にいても、東京にいても変わらず貧乏なのだが、〇八年一月の日記にこう書いている。

「東京に行きたい。むやみに東京に行きたい。どうせ貧乏するにも北海道まで来て貧乏するよりは、東京で貧乏した方がよい」。

そして四月二十八日に上京。東京には、与謝野鉄幹が主宰する雑誌「明星」があった。明治の浪漫主義の牙城であり、与謝野晶子、山川登美子、高村光太郎、北原白秋、吉井勇、木下杢太郎などが寄稿していた。啄木の詩集のタイトルではないが「あこがれ」の雑誌だったのである。

ちょうど一九七〇年代に、地方でギターを弾いて歌を作り始めた若者たちが、東京に憧れ成功を夢見て、こぞって上京したのと似ている。そう言えば、啄木の貧しい日常を歌った短歌には、七〇年代に流行した四畳半フォークの先駆のようなところがある。「東京で貧乏した方がよい」と思い詰めた若者で膨れ上がる東京こそ、いい迷惑だ。じつは、私もそのうちの一人だったが……。

「石川家の家計簿」によると、「啄木は明治四十二年の三月から朝日新聞社に勤め、月給二十五円と夜勤手当平均七円を得ていたが、勤めた最初の月からもう前借をしていた。明治四十一年四月に上京し、赤心館、蓋平館別荘とまかないつきの下宿をめぐるうちにこしらえた百数十円の借金を払うためというのはほとんど口実で啄木自身の浪費癖が前借と友人たちからの借銭のおもな原因だった」。

啄木の借金が、通常の場合と違うのは、食い詰めた上で、最低限の生活を守るための、やむにやまれぬ借金ではない、ということだ。関川によると「啄木は金が少しでも懐にあると落ち着かない性格」で、社で前借りをした帰り「浅草で牛鍋を食べ映画を見た。女を買った。ときには上京以来世話をかけっ放しの年上の友人、金田一京助におごったりもした」という具合。そのくせ金がなくなると、また平気で金田一から借金をする。

「明治四十一年の晩秋から妻の節子と娘の京子、それに母勝子が上京してくる四十二年の六月までに十数回、浅草の『十二階下』で啄木は私娼を買った。高価な花びんを買い、読めもしない洋書を買い、花鉢を買い、座ぶとんを買った。そのくせ本人は羊羹色になった一枚きりの着物をいつも着たままだった」（「石川家の家計簿」）

もう一度引く。

「はたらけどはたらけど猶わが生活楽にならざりぢつと手を見る」

どうです、馬鹿馬鹿しくて聞いちゃおれないでしょう。

金田一さん事件ですよ

啄木の借金癖の被害を一番に被ったのは、間違いなく同郷の先輩、金田一京助だ。一時期は同じ下宿にも住み、そのときは遠慮なく、のちに国語の辞典といえば金田一、と呼ばれる学者におぶさる生活を続けた。

その金田一によると、「これほど追いつめられ、窮迫のどん底に喘ぎながらも、啄木の生き方には、どこかのんきなところ」があったという。

例えば、ある日、金田一の冬服を、夏の間はムダだと質屋に入れさせ、十二円の金を作り、それを二人で分けた。それは、下宿代、生活費など、どうしても必要な金のはずだった。ところが、それを二、三日で使ってしまう。

あるとき、同じように作った金を、啄木は夜店の植木屋で、女郎花《おみなえし》を買い占めるのに使ってしまうのだ。おかげで、またタバコ銭にも窮する生活に戻ってしまう。このどこか暢気《のんき》で、甘ったれで、狂気をはらんだ浪費家ぶりは、関川夏央が谷口ジローと組んだ漫画『「坊ちゃん」の時代　第三部　かの蒼空に』（双葉社）で、みごとに描き出されている。

金田一のほかにも、啄木には「金を貸してくれる庇護者が絶えなかった」（「石川家の家計簿」）。「この当時、後の野村胡堂その他の盛岡中学出身のもので、啄木に金を貸している人の数は多く、啄木は在京の郷党人たちの悪口のまとであった」（前出、伊藤整）という。なぜ、返してもらえそうもない金を、啄木には簡単に貸してしまうのか。

「啄木は根は明るい性格の持主だったし、ひとに憎まれぬ子供っぽい部分を残していた」から、と関川は考える。これは金田一の証言とも一致する。ということは、友人に借金するときは、いかにも困ったふうに打ちひしがれて、暗い顔で頼むのは間違っている。まるで今日貸して、明日にでも返してくれそうな、明るい表情をして頼む方がいいのかもしれない。それでも、一千万円は無理だろう。

結局、彼の仕事は「朝日新聞」の「朝日歌壇」を通じて、多くの読者を得ながら、歌壇や文壇では認められないままに、一九一二（明治四十五）年に病気と貧苦の底で命を終える。

死ぬ二年前に出た『一握の砂』、死後に刊行された『悲しき玩具』と、二冊の歌集が評価を得るのは、もう少し時間がかかる。

第六章 貧乏のススメ

――㊎対談

電子レンジと妻と洗濯ネットがあれば貧乏を生きぬける！

対談　荻原魚雷

学生なのに試験期間が稼ぎ時

岡崎　魚雷くんは、一九六九年生まれということは、僕とちょうど十二歳違うね。
荻原　そう、一回りですね。酉年。
岡崎　三重県鈴鹿市出身で、出身の高校から東京に来てる同窓生っているかな？
荻原　同世代ではほとんど会ったことがないですね。
岡崎　地元で就職したりするのかな。
荻原　大学も大阪、京都、名古屋くらいまでで、なかなか東京までは出てこない。
岡崎　魚雷くんも名古屋の予備校に通っていたんだよね？

荻原　三重から通っていましたね。
岡崎　その時は名古屋に住んでいなかったの？
荻原　はい。だから名古屋の予備校時代は、現役で名古屋の大学に通っていた友だちの下宿にかなり泊まってはいましたね。
岡崎　帰るのが面倒くさいもんなあ。
荻原　そう、交通費だけで一〇〇〇円ぐらいかかるから。泊まったりサウナに行ったりするほうがよっぽど安くつく。
岡崎　その後、東京でちゃんと大学に、明治大学だよね、入ったけども中退なんだよね？　何年通ったの？
荻原　籍は四年間あったんですけど、一年生の五月のゴールデンウィーク明けから仕事を始めていて……。
岡崎　大学行かないでライター仕事？
荻原　ライターと編集と、両方やっていたんです。
岡崎　それで学校に行かなくなった？
荻原　うん、行かなくても卒業ができるぐらいの、当時はゆるい学部だったんです。

だけど、やっぱり試験は受けないとダメで……。なぜ受けなかったかっていうと、同じように学生ライターをやってる連中が、試験期間になると一気にいなくなるんで、そうすると回ってくる仕事も増えて、逆にこっちが稼ぎどきになるんです。

岡崎　稼ぎどきって、試験受けなあかんやん（笑）。そうか、学生ライターが試験に行くから試験に行かない学生には仕事がたくさんくるんだ。

荻原　そうすると普段できないような仕事もできるんで、ここぞとばかりに……「勝負や！」と。

岡崎　だから、試験で「勝負」しいっちゅうのに。その頃にはもう高円寺に住んでいたの？

荻原　そうですね、一年目の秋から高円寺なので。

岡崎　一九八九年に上京して、初めて住んだのが下赤塚の独身寮なんだよね。これは、お父さんの仕事の関係だったかな？

荻原　はい。父親が勤めていた自動車工場の独身寮が下赤塚にあって、そこに半年ぐらい住んでいましたね。

岡崎　下赤塚には、最近行ったりした？

荻原　一回だけ。「どうなってるかなあ」と思って。川越に取材に行った帰りに途中下車してうろついてみました。すごくよかったですよ。アパートも残ってたし、商店街とかも安くて、あらためて、下赤塚、いい場所だなあ、と。当時住んでいた時の会社の寮は、たまたま空いてる部屋があって、次のアパートを見つけるまでの間なら住んでもいいっていわれて住んでいました。

岡崎　本当はダメやろうね。働いてないもん、その会社で。

荻原　ダメなんで、だから電話なんかは引けなかったんです。共同電話はあったけど。

岡崎　ほう。

荻原　ライターの仕事を始めていたので、その共同電話に仕事の電話がかかってくると寝ていた夜勤の人とかが起きてきてしまったり……。

岡崎　夜中に廊下でジリリリーンと鳴る（笑）。

荻原　迷惑になるから、なるべく外の公衆電話で電話してましたね。

岡崎　その時で既にけっこう仕事があったんだ？

荻原　むしろ当時のほうが。

岡崎　一九八九年から九〇年あたりまでは、バブルだったからね。

荻原　一九八九年頃は、雑誌がけっこう次々と創刊したし、仕事も人手もたくさん必要だったんだと思いますね。若者向けの雑誌も増えていたし、企業もPR誌をたくさん出していましたからね。建設会社とか教育関係だとか、あちこちから。それがまたけっこう口コミで評判が良かったりするんです。

岡崎　仕事もたくさん依頼がきた？

荻原　ありましたね。「書けるやつ」っていうよりは、暇そうなやつ（笑）を見つけて書かせるという。「文章を書いたことないやつでもいいから連れて来い！」ってくらいに人手が必要だった。

岡崎　すごい時代やねえ。出版業界に入るのに人の伝手やコネがあったわけじゃないの？

荻原　最初の仕事は自分から応募して行きましたけど。そのあとは、もうほとんど先輩とか編集者の紹介とかで。

岡崎　いい時代やね。

荻原　飲み屋で編集者の人とかに会うと「明日、ちょっと来て手伝って」とか言われる、それも宛名書きとか校正とかの簡単な仕事からあって、暇そうなやつにはとにかく声がかかる。

岡崎　暇そうにしていると仕事が来る、っていうのはいいシステムだなあ（笑）。

駆けだしの月収は十五、六万円

岡崎　魚雷くんは、それまで「文章を書く」っていうことは、下地みたいのはあったのかな？

荻原　子供の頃から漫画を描いたり脚本を書いたり。ラジオの投稿なんかも。

岡崎　つボイノリオを聞いてた、って言ってたよね？

荻原　つボイノリオ、それから嘉門達夫は、もう小学生ぐらいからラジオを聞いて、投稿してました。それがけっこう読まれたりして。

岡崎　電波で自分の書いたものが読まれるって快感もあった？

荻原　そりゃあ小学生ぐらいでラジオで読まれたりしたら、やっぱり。

岡崎　変な小学生やなあ（笑）。その時は本名で投稿してたの？

荻原　いろいろです。ものすごいペンネームも使ったり。でも「魚雷」はその時にはまだなかったですね。

岡崎　でも、葉書の投稿と「自分で取材して文章を書く」ってことは、ちょっと違うと思うけどその辺りはどうだったの？

荻原　取材はずっと下手でした。

岡崎　ハハハ、笑ったらあかんな。

荻原　取材相手とぜんぜん話が弾まないので（笑）。

岡崎　でもほら、こういう仕事は最終的に文章になったときに、何とかなっていればっていうところがあるじゃない。

荻原　そう、だから最後は腕力です。インタビューの不出来を文章でごまかして。

岡崎　でも、それは僕も笑えない。始めのころは、ビジネスマン向けの情報誌だったんで、ありとあらゆるジャンルのことを取り上げたりするから、ものによっては、さっぱりわからんってこともあって。でも、そういうときは知らないほうがよかったりすることとあるよね？

荻原　そう。かえって知らないほうがいいことがあります。建築とか金融とかの取材ではこちらが「何も知りません」っていう方がうまく進む。丁寧に相手もしゃべってくれるからいいんです。むしろ、案外自分と近い、勝手のわかっている業界だとうまくいかなかったりする。

岡崎　相手がせっかく説明しているのに、途中で口を挟んでしまって「こっちも知ってるぞ！」みたいなね。

荻原　いちいち説明しなくても伝わってスムーズにいってしまうと文章にしたときに膨らみがない。

岡崎　そうやって鍛えられたわけだよね。何とかせなあかんものね。

荻原　毎回。でも、いつも当日になるとお腹が痛くなってしまって……。

岡崎　ハハハ、笑ったらあかんけど。

荻原　だから、最後まで取材することは慣れなかったです。十年やっても毎回インタビューに行く三十分前にお腹痛くなって……。途中公園に寄って煙草を吸って何とか気持ちを上げていこうとしてたけど、やっぱりダメで……。

岡崎　でも当時は、ギャラはよかったんでしょう？

荻原　とくにインタビューをしたりするとページ数の分量が出るから、書評やコラムだけでやるよりは必然的によくなるんです。

岡崎　その駆け出しの一九八九年頃の年収はどれぐらいだったか覚えてる？

荻原　月十五、六万はあったかな。

岡崎　ぼちぼち稼いでいた実感はあった？

荻原　学生の身分だったから十分食べていけた。

岡崎　仕送りはあったの？

荻原　最初は六万円してもらっていましたね。でも、それだけ収入があると扶養家族じゃなくなってしまうから、親が受け取る手当とかが無くなったみたいで。

岡崎　なるほどねえ。親から仕送りも切られて、一人で家賃も生活費もやるようになったんだ。授業料は？

荻原　授業料だけは払ってもらっていました。

岡崎　なるほど。この一九八九年くらいの頃から「これでやっていけそうだ」っていう感じはあったの？

荻原　ほんとにやっていけるかなと思ったのは、もう少しあとです。大学を中退する年の一九九二年ですね。その時に「なんかやっていけるかも」と。就職しなくても風呂無しアパートで一人暮らしだったら、まあこの先も大丈夫かなとは思いました。

高円寺暮らしが始まる

岡崎　上京してから、最初下赤塚に住んで、次に高円寺だよね？　高円寺で住んだ最初のアパートの家賃とか部屋の間取りって覚えてる？

荻原　家賃は四万円。それが最初だったけど、そのあと取り壊しが決まって、立ち退きになるんですよ。

岡崎　それじゃあ、そこにはあんまり長く住んでないの？

荻原　三年ぐらいです。

岡崎　部屋の間取りはどんな感じ？

荻原　六畳と四畳半。

岡崎　二間か。けっこうあるね。

荻原　高円寺での二軒目も同じくらいで家賃は三万八〇〇〇円。最初の下宿とすごい近所で、また風呂無し。間取りは四畳半と三畳だった。

岡崎　ちょっと狭くなった。でも荷物も当時はそれほどなかったでしょう？

荻原　でも、その頃からけっこう本は買ってましたから。

岡崎　そうか。引越し先が狭くなるときはちょっと処分したり？

荻原　そこで初めて古本屋に売るようになるんです。当時は古本でも、とくに漫画の古書価が値上がりしていた時期だったから、売ると買った時より高く売れたりして。

岡崎　普通は買ったときの値段より、古本屋で高く買われるっていうことはあまりないよね。それは、どこの店に売ってたの？

荻原　高円寺にいたから、「まんだらけ」もそうだし、「ドラマ」っていうチェーン店もあって、そこは高額買い取り表が店にあった。他にも高円寺に漫画専門の古本屋が二、三軒あって、そういうところも本によっては高く買ってくれたので。それでけっこう、儲けていました。

岡崎　才覚あるなあ。元より高く買うものってどんなものだったの？

荻原　高かったのは、永井豪とか楳図かずおとか。

岡崎　ちょっと手に入りにくいようなもの？

荻原　当時なら探せば十分買えたものですよ。普通の古本屋では定価の半額とかだけど、そういう漫画専門店では既に評価されて高くなっていました。あとはトキワ荘グループの藤子不二雄、赤塚不二夫、石ノ森章太郎あたりは、一〇〇円で買って一〇〇〇円になる世界。

岡崎 そんなにすごいの！

荻原 だから、漫画を売って儲けたときは、「今日はこれで高円寺でお酒が飲める」とか「モスバーガーに行ってちょっと贅沢に昼を食べよう」とか思いました。

岡崎 マクドよりもモスバーガーが、ちょっと贅沢という感じだもんね。

荻原 「今日はモスバーガーが食えるな」っていうことが豪華とか贅沢の基準でしたね。

岡崎 もっと贅沢なものは？ ウナギとかは食べなかった？

荻原 基本は全部自炊だったから、外食はモスバーガーぐらいでしたね。

われは自炊派

岡崎 我々の仲間うちでは、魚雷君は、わりと珍しく自炊派だよね。しっかりお米を炊いているイメージ。

荻原 米、あとはうどんと焼きそば。その三つのメニューで回していくという生活。だから、どれを作るにしても野菜をたくさん入れるようにするんです。

岡崎 炭水化物は安く腹ごしらえができる。野菜を入れるって、どれでも？

荻原 野菜と卵は必ず入れる。余裕があるときは鶏肉と豚肉のどちらかを。そのために常に冷凍庫に凍らして準備をしておく。しかも小分けにして。

岡崎　主婦やがな（笑）。料理するとき、しっかりと体のため、エネルギーのためっていうことは考えていたんだ。

荻原　考えていましたね。どうしても外食すると野菜が取れなくなるから、結果的に野菜を取るために自炊するようになったんです。だから、米は基本。米を炊いて汁物を常に作っていました。「米・味噌汁」「米・けんちん汁」みたいにして。

岡崎　でも、そういうのはけっこう珍しくない？　独身の男子でちゃんと自炊してるって周りにいた？　面倒くさいから定食屋で食っちゃうよね。炊飯器すら持ってるやつ自体あんまりいなかったんじゃないかなあ。

荻原　そもそも外で食べるのが、あんまり好きじゃないっていうこともあります。

岡崎　「食べているのを見られるのがいや」っていうような感覚？

荻原　混んでいる店とかの雰囲気なんかも苦手で。急かされる感じというか。東京のお店って、皿が空になるとガンガン下げられてしまって……。

岡崎　あるねえ（笑）。「ここ、お済みになりました？」って言われて、店員の顔は笑ってるけど、心の中では「食ったら、早く出ていけ」ってことでしょう、あれ。

萩原　そうなんですよ。気が弱いと、あの圧力に負けてしまう。

岡崎　「早く食わなあかんのかな」とか思ったりするよね。

荻原　食べたあとちょっと一息つきたいけど、それもできないし。

岡崎　席が空くのを待っている人がいるしなあとか。

荻原　うどんはとにかくよく作りました。市販の出汁《だし》つゆを使って。

岡崎　市販のものって、けっこう、うまいよね。

荻原　市販の出汁つゆでも、複数買って、合わせたりするんですよ。その日の気分で。同じ味だと飽きるから、何種類かを常に持っておいて、「今日は白だしで」とか「味噌煮込みにしよう」とか。

岡崎　うどんなら一食、一〇〇円以下で済むでしょ？

荻原　一〇〇円以下だし、一回出汁つゆを作ったら、そこに毎回うどんを足していって、最後は雑炊にする。それを二日ぐらいで回す。確実に経済的なんですよ。

岡崎　食費よりも酒代に使いたい？　なんとか、生活費を帳尻合わせて、飲み代に回すっていう感じだね、魚雷くんは。

荻原　あとは古本。

岡崎　そうか、飲み代と古本に回す。だから外食で一日一五〇〇円や二〇〇〇円ぐらい使うんだったら、その分を浮かしてという感じだよね。

荻原　当時はまだ二十歳そこそこの学生ライターだから飲みに連れて行ってもらって、おごってもらうことも多かったですしね。そうすると自炊で風呂無しでもやっていける。

岡崎　そう、仕事をしていると、年上や編集者からおごってもらえる、っていうのがあるよね。ぼくもマガジンハウスで仕事をしていたときは、昼時、編集者から「岡崎さん、メシしません?」って誘われるのを待ってた。うな重とか、歌舞伎座裏のビーフシチューのおいしい店とかね。ずいぶん、いいところでいいものを食べさせてもらった。もう、あんな黄金の日々は来ないんだろうね。

地下五階の浴場

岡崎　基本、風呂なしアパートに住んでたみたいだけど、銭湯代は高く感じていた?今は四五〇円ぐらいか。だいたい、いつもコーヒー代ぐらいに相当するんだよね。

荻原　当時で二八〇円くらいでした。

岡崎 やっぱり、コーヒー代と同じぐらいだね。

荻原 夜遅く帰ってくることが多かったから、それから風呂って、ちょっと面倒くさいっていうのはありましたね。

岡崎 酔っぱらってるしね。「トキワ荘」では、炊事場の水道で水浴びするシーンがあったね。

荻原 編集プロダクションなんかに出入りしていた時は、社員じゃないけど机をもらっていて、その事務所のユニットバスを使ったりもしていました。

岡崎 そういうのは便利だよね。もらい風呂。ぼくも、いまでも毎日新聞社に週一回通って三階の「サンデー毎日」で仕事をしているけど、四階の新聞学芸部には魚雷くんがいる。不思議な巡り合わせだね。「毎日」に通い始めたのはいつ頃から？

荻原 二十六歳ぐらいですね。

岡崎 僕は知らないんだけど、昔は地下に浴場があったの？

荻原 印刷所もあって、地下五階かな。

岡崎 そもそも地下五階もあるの？　知らんなあ。ぼくは地下鉄の駅がある地下二階までしか知らない。

荻原　あります。地下五階には、机とか椅子を修理したりする社内の備品を直すところもあったり。

岡崎　前はひどい椅子を使ってたもんな。今はだいぶ良い椅子になって、レバー押すとプシューッと上下したりする。前に使ってたのは、相当古くて、調整するネジが壊れて動かない（笑）。

荻原　学芸部にはまだ残っていますよ。ひどい椅子が。机も引き出しの取っ手が取れたままで指を穴に引っ掛けて使うとか（笑）。

岡崎　昔ながらの「会社」の雰囲気があったよね。もちろん煙草もみんな平気でスパスパ吸ってたし。

荻原　そう、いつまでかなあ、机で喫煙できたの。

岡崎　この十年ぐらいで、一番の驚きは「新聞社で煙草を吸わなくなった」っていうことやな。やっぱり、オウム事件からだよね。あの事件で毎日新聞社での発砲事件があって、それから入口を通る時も、いちいち暗証番号かカードを通さないと中へ入れなくなった。

荻原　あの事件以降、小学館や集英社なんかの神保町一帯がそうなりましたね。

岡崎　あのシステムは絶対に良くないと思う。

荻原　フリーランスの人でもそれらの会社で定期的に仕事をしてる人はいいけど、ふらっと顔を出せるような感じが一切なくなった。昔は友だちを連れて雑誌の企画会議とかに参加して、ちょっとしたアイディアとか意見なんかが通って、「それやってみて」とかって言われて連れて行った友だちにも新しい仕事が生まれたり。

岡崎　今はあり得ないね。

荻原　あとはフリーライターのブースみたいなところがあって、仕事がないときでも誰かしら知り合いを訪ねて仕事をもらったり。

岡崎　それが新しい企画に発展したりね。本当に最近はとくに厳しいよね。警備のおっちゃんが座ってるしね。まあ、末端の我々がぼやいでも仕方ないか。世の中の流れ、っていうことかな。

家賃があるから仕事をする

岡崎　生活していく上で「家賃さえなければなあ……」って思うことはある？

荻原　いや、むしろ「家賃があるから仕事をしないと」という感じです。

岡崎　ほう！　そうか。ある程度の生活を守るための「ノルマ」みたいなものであると。

荻原　やっぱり「生活の中でクリアしなければいけないもの」というか、家賃や光熱費を払うことは目標みたいな部分があります。

岡崎　収入の三分の一が家賃と言われることがあるけど、その辺りは？

荻原　例えば家賃五万円の部屋に住むとして、もう五万円に電気代や光熱費、保険とか食費の生活費があって、さらに本を買うとか映画を見るっていう娯楽の部分が欲しいとなると、やっぱり三分の一ぐらいが適当かと。

岡崎　でも、それも払えない時もあったでしょ？

荻原　つらいときもありましたけど、実はこれまで家賃を滞納したことってないんです。

岡崎　へえ、それは意外。一回も滞納してない？　電気代やガス代は溜めて、止められたりしたことあるでしょ？

荻原　それはありましたけど、家賃は払いました。

岡崎　おもしろいねえ（笑）。家賃を必ず払うというのは、魚雷くんにとってどういうことになるんだろう?

荻原　たぶん、生まれも育ちも長屋だったから、家賃を払えないと「もう路頭に迷うしかない」っていうふうな考えが子どもの頃からあって。だから大家さんともなるべく良い関係を作りたいと思ってきた。そうすることで、何かのときに良くしてもらえることがあると、子どもながらに思って。

岡崎　支払方法はどんなだった? 振り込みじゃないでしょ?

荻原　長屋の時は大家さんの家に持って行って渡していましたね。東京へ来てからは、不動産屋に持って行っていました。

岡崎　基本、手渡しだよね。

荻原　そう。銀行振り込みになったのって、ここ最近で、それまでは大家さんも同じアパートに住んでいて、毎月直接持っていくのと、仲介の不動産屋に持って行くのと、その二つのパターンでしたね。

岡崎　僕は最初に住んだ戸田公園の下宿で、家賃が一回滞ったことがあって、仲介している不動産屋まで出向いて行ったことがあるの。そこで書類を書かされて、さらに「判子を押せ」って言うから、「判子なんか持ってない」って言ったら、今度は「拇印を押せ」って。その時はものすごい腹立ったんだけど。犯罪者やないやろって。でも結局は押したんだよね。屈辱だった。一回、滞っただけですごく厳しかったな。

荻原　高円寺はそんなに厳しくないかもしれないけど、やっぱりトラブルになったりするのは嫌だなと思うんです。大家さんと揉めるのは、けっこうストレスになるから。過去に立ち退きをさせられたことが二回あって、二回ともけんかになってるから。

岡崎　ガラの悪い人が出てきたこともあるでしょ？

荻原　ガラの悪い人が隣に来て追い出そうとする、ってのはありました。早く出て行けとまでは言わないけど、半年くらいものすごい嫌がらせをされたことがあった（笑）。

岡崎　今住んでいるところは高円寺では七カ所目？　すごいね、高円寺のなかだけで引越しを六度もしている。今のところは、もうけっこう長いの？

荻原　もうすぐ十年になります。

岡崎　長いね。今まで平均ではどれくらいで引越している？　二、三年ぐらい？

荻原　はい。更新の度に引っ越してますね。

岡崎　それは、やっぱり家賃が上がったり、更新料がかかったりするから？

荻原　昔は住んでいるところが、つねに満足できる状態ではなかったんです。風呂無しアパートで壁が薄かったり、ネズミが出たり、ちょっとでもましな所に引っ越して「少しでも広く」とか、そうすると欲が出て「ここで更新するよりは」となる。

岡崎　でも、引っ越しって、お金も労力も要るでしょ？　引っ越し貧乏、って言うぐらいだから。

荻原　当時は若かったから……いや、やっぱり引っ越しするのが好きだったかな（笑）。

岡崎　そうだよね。面倒くさがるやつはそんなにしないよな。やっぱり更新料を払うよ。とくに本がたくさんあるから、魚雷くんみたいな人は。

荻原　本があるからそれを引っ越しで、一気に売りたいっていうのもありますね。

岡崎　なるほどね。引っ越し整理術。新しい部屋を探す時、間取りなんかはどうなの？

荻原　四畳半、三畳の部屋があること、あとは変則的に壁がいっぱいあって窓がない部屋っていうのを探します。窓は一カ所だけあればいいから。

岡崎　壁があって窓がない、っていうと刑務所だけど（笑）。やっぱりそれは、悪条件として安くなるから？

荻原　いや、そのほうが本棚を置けるからですよ。

岡崎　そうか。本棚は壁が勝負やものな。壁がないと、本棚も置けない。壁食い虫ですよ。

荻原　壁と形、あとはちょっと廊下があるとか、部屋が真っ直ぐの広い部屋なんかは絶対にダメですね。L字の部屋とかが、一番いいんですよ。

岡崎　それ、不動産屋で言ったの？　理由を知らないと、ちょっと変な人やと思われるよ（笑）。そんな部屋あるかな？

荻原　今の家がそうですね。L字と廊下があるから、たぶん、面積よりも効率的に本が収納できる。窓と押入以外は、壁を全部本棚にできますから。

岡崎　人間の快適さより、本棚優先（笑）。

荻原　窓は無駄だとは思っていないんですけど。

岡崎　当り前だよ（笑）。

荻原　たまに要らない窓ってあるんですよ。

岡崎　それって、哲学？

荻原　例えば西側には窓は要らない。あとは東と西で両方角が「窓」みたいなのは、全く必要ないです。

岡崎　つまり、西日が射す。本が焼けるっていうことね。僕も高円寺で住んだ下宿は、六畳と四畳半があったんだけど、その二部屋ともに押入があったの。もとは別々の部屋で貸してたのを、後でぶち抜いたんだね。その二つの押入が、本を置くのに、使えるんだよ。

荻原　押入と専用階段がいいですね。

岡崎　また、変なこと言い出したな。いや、専用階段があるところは住んだことないな。

荻原　今まで二回あるんですけど、専用階段のある部屋に住んだときは、すごい本が置けましたね。半分だけ空けて通れるようにすればいいから。

岡崎　自分が我慢すればいいだけのことだからね。うちの家の階段も、もう絶好の本の置き場と化している。よく足を引っかけて、ドドドと崩してしまうんよ。こんな話していて、だいじょうぶかな？

荻原　だいじょうぶもなにも、ここまで来たら、もう仕方ないですよ（笑）。

外食はこれすべて贅沢

岡崎　さっきモスバーガーの話が出たけども、そういう生活の中での贅沢っていうと？

荻原　基本的には全部自炊だから、立ち食いそばでも贅沢をしてるという感覚でした。自分で作らなくて済むというのもあるし。

岡崎　食器も洗わんでいいし。

荻原　人にお金を払って食べ物を作ってもらうっていうことが贅沢。

岡崎　そうか、それはじつに斬新な思想やなあ。それじゃあ、ステーキとか、鰻とか、フランス料理とかは？

荻原　べつに食べたくなんかないですね。肉は食べたくなったら絶対に自分で焼く。でも、そもそもそんなに食べないです。食べても鶏肉くらいですよ。鶏でも、胸肉をちょっととか……。

岡崎　鶏の胸は安いもんな。うまいし。

荻原　ちょっと贅沢をするときは鶏のもも肉。それでもブラジル産とかの、なるべく安いの。古本が高く売れたりすると「今日はもも肉を買うぞ」っていう（笑）。

岡崎　もも肉で盛りあがるんや、安いなあ（笑）。昔はコンビニも商品の値段がスーパーで買うより高かったよね。コンビニで物を買うっていうのは、深夜とか、もう仕方ないときだけみたいな。でも今は、すごく安いでしょ。冷凍食品とか下手なスーパーより安い。

荻原　一〇〇円のコンビニとかもあるし。

岡崎　そうなのよ。今、僕セブンイレブン症候群で、一日一回行かないと気が済まないってなってるの。冷凍のたこ焼きやらメンチカツやら。しかもけっこううまいんよね。プライベートブランドのビール、って発泡酒だけど、これもよく買う。

荻原　揚げ物とかも、相当おいしいと思う。だから揚げ物とか唐揚げはコンビニで買いますね。今は結婚してるけど、若い頃に一人分の唐揚げを作るのはすごい手間がかかるし。

岡崎　確かに油物は独身者では難しいよね。

荻原　一個五〇円で売ってるから。

岡崎　そうね。

荻原　あとは、惣菜のひじきとかも買ってましたね。

岡崎　男の一人暮らしでひじきを買うって珍しいなあ。

荻原　一〇〇円ぐらいで売っているやつ。ひじきは自分で煮るとものすごい面倒くさいから。

岡崎　ああ、水に戻して。そら、そうやろ。普通、独身の男は家で、ひじきは煮ない（笑）。

荻原　鍋で量を作ってしまうと一週間ひじきを食べ続けないといけないから。

岡崎　うんこが真っ黒になるよ（笑）。

荻原　じつは、ひじき、すごい好きなんだけど。

岡崎　そうすると、味噌汁なんかも自分で作る。

荻原　ご飯と味噌汁は自分で作って、あとの一品はスーパーの半額シールが付いているものを七時以降に行って買う。コロッケとかそういうものを。

岡崎　主婦やなあ（笑）。高円寺だとどこで食料品を買うの？

荻原　南口にある「OKストア」っていうのが一番安くて。高円寺に住んでたら、もう絶対あそこですよ。だから「OKストア」を軸に生活を考えます。

岡崎　完全に主婦だ。

荻原　牛乳とか卵の基本の食材は「OK」で。あと最近は「業務用スーパー」もできたから。物によってはそっちもすごく安いので。うどんとか調味料とかはそっちで買う。だから、古本屋を回るコースとほぼ一緒ですよ。「都丸」へ行って「アニマル洋子」へ行って、「業務用スーパー」に行って、帰りに「ＯＫストア」に寄って、帰るという生活を二十年以上している。

岡崎 高円寺という地の利もあるけど、完全に自活ができているよね。

荻原 家賃はちょっと高いけど物価は安い。しかも飲み代は相当安い！

岡崎 飲み代を家賃と相殺する（笑）。

荻原 あとは歩いてもいろんなところに行けるから交通費も安く上がる。自転車があれば高田馬場ぐらいまで二十分か三十分で行けるから、電車賃はほとんどかからない。

岡崎 都心で仕事をしようと思ったら、家賃の安さだけで、都心から遠く離れたところに住むのは、逆に損なのよ。打ち合わせや取材で、ひんぱんに新宿なり渋谷、銀座あたりへ出ていくのに、結局遠いと交通費がかさむ。これ、月の累計で言うと、相当でしょう。それなら一万円高くても、やっぱり都心に近く住むべきなんだよね。

荻原 そう思います。年に何回かはタクシーに乗ることはあるけど、深夜には極力使わないで歩いて帰るようにしています。高円寺ぐらいだったら二、三千円でだいたいどこからでも帰ってこれる。例えば池袋から高円寺に帰るときも、落合ぐらいまでタクシーを使って落合から歩いて帰れば一〇〇〇円で済むし。

岡崎　なるほど。途中から、タクシー代が急に上がっちゃうんだね。

荻原　そう、家まで帰ると二〇〇〇円を超えるけど。一〇〇〇円ぐらいのところで降りてしまう。

岡崎　歩けるところまで行けばね、あとは何とかなる。

荻原　池袋からタクシーに乗って、落合まで来れば、あとは山手通りを散歩すれば、かえって酔い覚ましにちょうどいいぐらい。家までタクシーで帰ることはあんまりない。ちょっと風邪気味の時とかぐらいですね。

岡崎　普段見えない風景とか見えるしね。

荻原　こんなところでジョギングしている人がいるんだとか思いながら。すごくいい散歩になるんですよ。

岡崎　タクシーってひょっとしたら一番贅沢なのかもしれんな。

バブル崩壊と立ち退きが一時に

岡崎　魚雷くんは、最近は仙台とか京都とかにもちょこちょこ行ってるよね？

荻原　仙台へ行くのは、古本カフェの「火星の庭」があるからで、お店でぼくが古本を置かしてもらっていて、その売上が新幹線の往復代と飲み代ぐらいになってる。

岡崎　すごく売れてるってことやな。

荻原　三カ月で三万円とか。京都では、古本も扱う新刊書店の「ガケ書房」で、やっぱり古本を売っていて、同じように京都へも定期的に行ってます。ただ、旅行みたいなことはしてるけど、実質そんなにお金は使ってないですね。泊まるところも、友だちの家だったり、宿に泊まることはほとんどないから。

岡崎　それが息抜きになってるわけだ。

荻原　そうなんです。だから年に三回ぐらいは行きます。

岡崎　競馬はしない、パチンコもしない、よね？

荻原　ギャンブルは一切しないです。まあ、古本の「せどり」がちょっとギャンブル。

岡崎　古本屋でギャンブルする人、少ないっちゅうの、そういうことだもんな。

荻原　やっぱり一〇〇円で買った本が、万馬券になるときもあるし、馬券よりも確実に稼ぐ自信がある。漫画だったり絶版文庫だったり。

岡崎　魚雷くんのライター人生の途上で、危機はあったの？　もう「これからどうしよう」っていうような。

荻原　一番の危機は、大学を中退した一九九二年にあって、立ち退きとバブルの崩壊が両方、同時に来たみたいな。

岡崎　仕事も無くなった？

荻原　仕事も無くなってしまったけど、就職もしていなかったし。それまで自分の実力で仕事ができていたと勘違いしてたんですね。でも依頼する側は「学生の意見が欲しい」とか、「若い人だから」とか、「学生」っていう肩書きがあったからもらえていた仕事がほとんどで、中退したら学生ではないわけだから、ぜんぜんそういうことができなくなった。さらにそれまで定収入になっていたようなレギュラーのPR誌が休刊になったりというのもあってその時はかなり厳しい状況でした。

岡崎　かなりハードだった？

荻原　いや、今思うとどうやってあの一年を乗り切ったのか。

岡崎　本を売ったりしたのかな？

荻原　古本とレコードを売って、あとは単発のバイトかな。

岡崎　それは書く仕事じゃなくて？　例えば、どんなことを？

荻原　農薬散布。

岡崎　それはまた意外な、奇抜な（笑）。

荻原　その頃はまだ、バブルがはじけたっていっても、余韻は何となく世の中にあって。当時は、日払いでも一万円ぐらいもらえるバイトがたくさんあった。高円寺に住んでいたのもよくって、演劇をやっているやつ、バンドマンのやつとかが、みんな定職はなく、バイトで食べてるわけですから、アルバイトのネットワークをすごく持っていた。それでなんとかなった、ってところはありました。

岡崎　バイト口はいっぱいあるわけだ。

荻原　割のいいバイトがけっこう口コミで見つかったり。例えば、缶コーヒーとかカップラーメンのモニターとか。

岡崎　薬の実験っていうのはあった？

荻原　あれは、やらなかったです（笑）。でも、やってるやつはいましたけどね。お金はすごくいいって言ってましたね。

一人より二人がいい

岡崎　生活の安定っていうか、お金のことをあくせくしなくても済むようになったっていうのはいつ頃から？

荻原　本当に最近ですね。最初の本の『古本暮らし』が晶文社から出た二〇〇七年くらいです。あれが出た年の後半ぐらいから連載が増えてきましたね。もちろん連載だけで食べていけるほどではなかったですけど、でもその頃くらいからかな。

岡崎　家賃はそれで賄えるようになった？

荻原　必ず家賃は賄える感じになったから、あとは単発で書評を書くとかやりながら仕事量を調整できるようになっていきました。それが二〇〇七年くらいの三十七、八歳の頃ですね。それまではずっと綱渡り。この話をすると貧乏じゃなくなるけど、三十二歳で結婚して、それからは共稼ぎになっています。

岡崎　それは大きいよね。奥さんは雑誌の編集者だよね。定職があって、給料も毎月入る。

荻原　でも、一度もかみさんに世話になったことはないです。お互いに財布は別々にしていて、家賃は半分ずつ負担して。食費は自炊の分の食材は自分が買って、外食の時にかみさんに払ってもらうようにしている。向こうの給料日には「桃太郎すし」に行く。

岡崎　寿司屋じゃなく、桃太郎すし（笑）。具体的なのがいいね。

荻原　それが一番の贅沢ですから。普段はだいたい僕は家に居ることが多いし。

岡崎　ほとんど家に居るとなると、いわゆる主夫、「夫」のほうね。

荻原　やっぱり結婚したことで劇的に変わりましたね。一人で暮らすより二人だと。だって、初めて貯金が出来た。

岡崎　ほう、そりゃすごい。一人住まいはロスが大きいもんね。

荻原　本当に毎月の家賃を払ってしまうとゼロになるぐらいの綱渡りだったから、貯金なんてしたことは一回もなかった。

岡崎　魚雷くんの周りで、独り者って、まだけっこういる？

荻原　けっこう、いますね。定職がある人は独身でもいいけど、フリーランスは絶対に結婚したほうがいい！

岡崎　それだ！　ここ大文字でゴチックに（笑）。

荻原　同居とかシェアハウス。一緒に住んで家賃や光熱費、食費とかを二人で分担できるわけですから、効率的なんですよ。

岡崎　二人だからといって生活費が「二倍にはならない」っていうことね。

荻原　一人のときと、ほとんど変わらないです。食費もほとんど変わらないし、水道代がちょっと上がるぐらいで、細かい話ですけど。電気代、ガス代は、ほとんど一人暮らしてる頃と変わらない。

岡崎　確かに。スイッチ押して明るくするには一人居ても二人居ても同じだもんね。

荻原　洗濯の回数と風呂が増えるから、水道代は一人の時より上がるけど、それでも二倍にはならない。

岡崎　これや！　魚雷くんの貧乏話の根本は。独身者はここんところをよく聞くように。

荻原　結婚したときは、年収二〇〇万ぐらいしかなかったし、かみさんも正社員じゃなくて。世間ではよくワーキングプアだと結婚できないとかって話題になるけど、ワーキングプアこそ、じつは結婚するべきなんです。

岡崎　それをテーマに「ちくま新書」を一冊、書いてもらおう！「ワーキングプアこそ、結婚すべきだ」ってタイトルで。

荻原　僕の場合は相手がよくオーケーしたと思います。当時はそんな条件だったから。

岡崎　いや、それは魚雷くんに魅力があったからでしょ。

荻原　僕らみたいなフリーランスには宿命があると思っているんです。ある先輩で、海外に行ったりして写真を撮っているフリーのカメラマンがいるんですけど、結婚するときにはもう年収が一〇〇〇万ぐらいあったにもかかわらず、相手の親に「そんな訳のわからん職業、ダメだ」とか、すごい反対されたっていう話があって。

岡崎　僕も結婚するとき、職業がフリーライターというヤクザな仕事であるために、奥さんの親に反対されて、始めのうち口もきいてくれなかったから。まあ、気持ちはわかるけどね。いまは、関係は非常に良好です。念のため。

荻原　うちもかみさんが父親に「なんか悪いやつに騙されてるんじゃないか」ぐらいに言われてたみたいですから。

岡崎　そういうときに全国紙なんかで自分の名前が出ると大きいよね。

荻原　いや、でもその頃は本も出てなかったし……。「SUMUS」をやっていた頃ですからね（笑）。「何をやってるんですか？」って聞かれても「同人誌をお金を払って作っていて……」。しかも、名前が「魚雷」だし、一度も就職すらしたことがないし。

岡崎　普通の親だったら、それはちょっと、と思うよね。奥さんは漫画の編集者をしてるんだっけ？　同じ業界だし理解があるよね。「銀行に勤めて」とか「商社に勤めて」っていうのとは違うでしょ。

荻原　かみさんの親も、いわゆる会社員とか公務員じゃなくて、経営コンサルタントみたいなことをやっていて。親の世代だとまだそういう仕事は珍しかったから。

岡崎　ちょっとは理解があった？

荻原　だから、「フリー」ということにあまり偏見はなかったかな。それにお互いに贅沢じゃなかったから「食べて行ければいい」ぐらいの感覚だったのもよかったかもしれない。

岡崎　奥さんも「たまにはフランス料理を食べに連れて行ってくれ」って言わない？

荻原　お腹が空いて帰ってきた時も、インスタントラーメンにちょっと野菜と肉を入れてあげると……。

岡崎　けっこう、それで喜んでくれるの？

荻原　相当、喜んでくれて。「これは、なんかいいなあ」と。

岡崎　ええ話やないか。ちょっと泣いていい？（笑）。ものすごい大事なことやね。互いにそういう気持ちがベースにあったから、だから一緒になれたんだろうけど。いや、世の中には、ただ単に贅沢な女性はいくらでもいるからね。

荻原 そう。だから自分が「結婚する」と思ってなかったから。そもそも「無理だ」と思っていましたからね。

岡崎 籍を入れたり、結婚式は？

荻原 籍はすぐ入れましたね。結婚式はしてないんですけど、バンドとかやっている飲み友だちを呼んで高円寺の「抱瓶」（沖縄料理屋）でお披露目会をしました。その後の二次会は「魚民」（笑）。

岡崎 また、安上がりな！

荻原 でも、この辺のカップルってみんなそうですよ。居酒屋で結婚式。

岡崎 確かにそのパターンは多い。

荻原 新婚旅行もしていなくて「新婚旅行、行ってない」って周りに言ってたら、福島に住んでいる漫画家の知り合いが、常磐ハワイアンセンターを取ってくれて、宿も押さえてくれて。さらに福島の古本屋を車で案内してもらって（笑）。

岡崎 ええ話やなあ、ちょっと泣いていい？

「文明の進歩」を電子レンジに見た

荻原　自分の経験上、やっぱり二十代で風呂無しアパートに住んだのは、すごくよかったなとつくづく思うんです。

岡崎　風呂無しから、風呂付きになったときも、やっぱりステイタスが上がったって感じ？

荻原　風呂付きに引っ越すのが、目標。目標って言うとちょっと変だけど。

岡崎　風呂に入る回数は増えた？

荻原　増えたし、健康になりました。

岡崎　健康になったってどういうこと？（笑）

荻原　体を温めて寝るだけで、風邪を引く回数が減っていくのがわかった。

岡崎　そんなに前は風邪を引いてたんだ？

荻原　アパートが木造だったりして冬は寒くて……。木造って明け方の部屋の気温が一〇度以下とかになるんですよ。そうすると、やっぱり確実に喉とかやられたり、熱が出たりして。

岡崎　コタツで寝てたからじゃないの？

荻原 布団なんですけど、やっぱり風呂無しの木造だと東京の冬は厳しいです。
岡崎 魚雷くん、実家は三重でしょう。三重から東京へ来ると、そりゃ寒いさ。今、大きなもので欲しいものとかある？
荻原 追い炊きができる風呂（笑）。欲を言えばそれぐらい。
岡崎 これまた、意表をつく答えやなあ。テレビはあるよね？
荻原 テレビはあります。薄型のやつ。
岡崎 冷蔵庫と電子レンジも？
荻原 ありますね。そういえば、自分の生活の中で文明の進歩はここまででいいと思ったのは、電子レンジですね。
岡崎 「文明の進歩」なんて言うから、最初、何かと思ったよ（笑）。ああ、電子レンジね。それはいつ手に入れたの？
荻原 結婚前ですね。「ミッシェル・ガン・エレファント」ってバンドがいたんですけど、ベースのウエノコウジさんの電子レンジをもらってきて。
岡崎 ウエノコウジ伝来の。由緒正しい電子レンジ（笑）
荻原 高円寺に住んでいた友だちが、ウエノさんと同じ大学の軽音楽のサークルにいて、そいつがもらって使っていたんですが、彼が結婚して同居するときに電子レンジが二つになったから「一つやるよ」ってことになって。もうそれから食生活が劇的に変わりましたね。「冷凍」の素晴らしさ。冷凍することによって、自炊がどれだけ楽になったか。「人生変わりました」っていうくらいですよ。二十代半ばぐらいの話ですけど。

岡崎　「冷凍」ってところで、急に声が大きくなったね。そうか、保存して解凍ができるもんね。

荻原　ご飯を凍らせておけるんですよ。まず三合炊いて、茶碗二つ分ずつ凍らしておく。あとは常に「出汁つゆ」はあるから、夜中にお腹が空いたら夜食に雑炊を作れるし、その雑炊を次の日の朝ご飯にもなって。しかも、出汁つゆには、野菜と卵を必ず入れるから、それで一日の栄養はしっかり摂取できる。だから一人暮らしする人には……。

岡崎　電子レンジ！　となるわけやな。

荻原　じゃなくて、出汁つゆを準備しておく。

岡崎　ああ、出汁つゆの方か。

荻原　自炊で色々な料理の本とかでやってもできない人っていると思うんですが、出汁つゆを使って鍋ができれば大抵は大丈夫。だって相撲取りってずっとちゃんこ鍋でしょう。だから鍋でうどんが食える、鍋で雑炊ができる。ご飯と鍋のつゆがあれば。そこにスーパーで閉店間際に半額になっている総菜を一品買ってきたら、それで完璧。

岡崎　完璧、は言い過ぎのような気もするけど、たしかに経済的だ。

荻原　ナンシー関も書いていたけど、作り過ぎると傷むから、常に火を入れるとか、夏場は冷蔵庫に入れておくとか、そういう細かい手間は要りますけど、鍋なら三日ぐらい味を変えながら食べることができます。

岡崎　貧乏を切り抜けるには、鍋と妻、あと電子レンジ。しかし、電子レンジって壊れないね。うちで今使っているものは独身時代から使っているからね。

荻原　うちは二台目で、十年前のやつ。

岡崎　家電って十年も持つものは少ないいんじゃない。

荻原　いや、そんなことないです。うちの炊飯器は二十五年ですよ。

岡崎　うちの炊飯器ははずればかりで、何回買い替えたことか……。

荻原　サンヨーが長持ちするんです。

岡崎　それはどうして？

荻原　高校時代に電気屋でバイトしてた時に、サンヨーが壊れないっていうインサイダー情報が……。実際に炊飯器は二十五年使ってるし。

岡崎　インサイダー情報って（笑）。しかし、なかなか二十五年もたないよね。コツはあるの？

荻原　五・五合炊きのやつですけど、基本的にタイマーとか余計な機能は絶対に使わないようにしてて、ひたすら炊くだけ！　あっ、でも炊き込みご飯の時だけは一回炊きあがったあとにもう一回、スタートボタンを押すと上手くお焦げが作れるんですよ。細かい話ですけど。

岡崎　いや、めちゃくちゃ細かいよ。でも、それは裏技だね。もう、ちくま新書を書いたほうがいいよ。「東京一人暮らし生活術」みたいなの。「一人暮らし評論家」とか名乗ってさ。

貧乏な一人暮らしに洗濯ネットは必需品

荻原　『古本暮らし』でも近いこと書いてますよ。持ち物なんかも、フライパンも一つでいいんですよ。

岡崎　フライパンが一つあれば、何でも作れると。

荻原　というより持ち物は少ないほうがいいです。その分ちょっとだけ良いのを買うことで長持ちさせる。他にも長持ちさせるためのいろんな技術があって。例えば洗濯するときに洗濯ネットを使ってますか？

岡崎　使ってないです。いや、家内は使ってるか。独身時代は使ってなかった。洗濯ネットね。

荻原　洗濯ネットを使うと、衣類が五倍長持ちします。

岡崎　普通に洗うとそんなに傷むの？

荻原　傷むんですよ。だから靴下とか。

岡崎　ネットに入れたものって全部ちゃんときれいになるの？

荻原　もちろんきれいになりますし、これがいくら洗っても伸びないんですね。

岡崎　ちょっと、テレビ通販のタレントみたいになってきたな（笑）

荻原　でも、これは本当にそうなんですよ。だから、僕は一人暮らしをする若い人には、一〇〇円ショップで売っているやつでいいから、まず洗濯ネットを買うことを勧めます。靴下とかTシャツはとくに、これに入れて洗うと長持ちしますから。

岡崎　本当に新書で十二章分ぐらい書けるやん！「衣・食・住」の構成で。

荻原　あと、これはまだどこにも書いてないけど、靴の中敷き。一〇〇円ショップで売っているような薄い中敷きを入れるだけでも、靴がだいぶ長持ちしますよ。

岡崎　へえ、どうして？

荻原　靴底は歩いていれば擦り減るのはわかるけど、中もけっこう破れたりして傷むでしょ。でも、それが一枚の中敷きを入れるだけで、傷みを軽減してくれるからだいぶ長持ちします。

岡崎　一〇〇円ショップって重要だよね。

荻原　使えるものがいっぱいありますから。

岡崎　昔は一〇〇円ショップってなかったけど、魚雷くんが高円寺に住み始めた頃にはもうあったかな？

荻原　出始めたぐらいだと思いますね。

岡崎　そうか。

荻原　まずは、洗濯ネットを絶対にすすめますね。高円寺は学生さんも多いし。

岡崎　荻原魚雷が、まず貧乏な一人暮らしに言いたいのは「洗濯ネットを買え」ということ?

荻原　ユニクロのヒートテックとか出た年のやつをいまだに着ています。

岡崎　ヒートテックも洗濯ネット。

荻原　ヒートテックこそ洗濯ネットです!

岡崎　そういえば魚雷くんは夏でも長袖だよね?　半袖持ってないの?

荻原　それは冷え性っていうか……冷房に弱いので。

岡崎　どこ行っても冷房がガンガン効いてるからなあ。

荻原　夏の長袖って、麻のものなんですけど。電車の中でおじいさんが着てるのを見て買ってみたら、けっこう涼しくて。

岡崎　貧乏ファッションはおじいさんに学べ(笑)。

荻原　半袖って夏の間しか着れないけど、麻の長袖だったら春と秋も入れて三シーズン着られる。

岡崎　冬を除いて、ってことね。

荻原　冬以外、三シーズン着られる。そしたら、半袖よりもいいでしょ。

岡崎　ううん、ぼくは夏以外にも半袖を着たい気持だけど。

荻原　麻の長袖シャツも、洗濯ネットに入れて洗うんだけど、三シーズン着られる服を着ていたほうが経済的だという結論に達しました。

岡崎　だいたい、わかってきました。「結婚しろ、妻を持て、電子レンジ、鍋、洗濯ネット」。東京で一人、生き抜くためにはこれらが必需品ってことですね、先生。

荻原　はい、必需品ですね。あと自炊する人に一個だけ贅沢したほうがいいものがありました。

岡崎　一個だけ贅沢する？

荻原　油です。

岡崎　油！　また、意表をつくなあ。ど、どういうこと？

荻原　良い油を使え、ということです。良い油で料理すればどんな食材でも、そこそこおいしくなるんですよ。

岡崎　どんな油を使えばいいの？

荻原　基本的に使っている油は、ごま油とオリーブオイルで他にも何種類かありますけど、それらはＯＫストアで一番値段が高いものを買っていますね。百貨店でもけっこういい値段のする油がOKストアでお手頃に売っているんですよ。

岡崎　OKストアはなんでも安いね。

荻原　酒も安いし冷凍食品も安いし、あとペットボトル飲料なんかも安い。

岡崎　ペットボトルの二リットルのお茶とか、ものすごい安いな。

荻原　でも、極力お茶は自分で作って冷やして飲んでます（笑）。

岡崎　たしかに。すいません（笑）。自販機で、五〇〇リットル入りのペットボトルに一五〇円出してるやつの神経がわからんと？

荻原　水道水でもぜんぜん大丈夫だし、もし不安だったらブリタの濾過するやつを手に入れればいい。

岡崎　上京するときに「東京の水がまずい」って言われてたけど、ガンガン飲めるよ。

荻原　もう昔の大阪の水を知ってる人とかからすると、楽勝ですよ。

岡崎　淀川の水で大きくなったぼくはどうしよう。

濡れタオルにパンツ一丁で夏はよし

荻原　フリーランスは、たとえ才能があったとしても家賃を払えなくなったら、それで終わりなんです。逆に、仕事なくても、その間を自炊で食いつないでいけば書くチャンスは生まれる。ミニコミでもブログでも何でも書き続ければ現役が続けられるんです。確かに日々の生活で、お金を使うことで何か新しいものを得るっていうのはあるけど、使わなくていいお金は、使わないほうがいいと思う。

岡崎　使わなくていいお金って、例えばどんなこと？

荻原　エアコンはずっとなかったです。結婚するまでエアコンはあったけど、使わなかったです。一人のために部屋を冷やすのは無駄だと思って。

岡崎　扇風機は？

荻原　扇風機はありましたけど、基本的には濡れタオルを首に巻いておけばいい。

岡崎　ははあ、濡れタオルですか。

荻原　一人暮らしならパンツ一丁でいれば、なんとかなる。

岡崎　まあね、なんとかはなる。たしかに。

荻原　エアコンの電気代は、冬のこたつに取っておきたかったというのもあります。

岡崎　そうか、魚雷くんの弱点は寒さに弱い。防寒対策はどうしてたの？

荻原　防寒には、使い捨てカイロが一番。背中にカイロを貼って、本当に寒いときにこたつを使えばエアコンはいらない。それで風邪気味の時は、首近くに貼っておけばエアコンよりも温まるし。カイロは一個一〇円くらいだから、よっぽどエアコン使うよりは安く済む。ただ低温やけどがあるからちゃんと服の上から貼った方がいいですけどね。

岡崎　最後の詰めが、いつも細かいねえ。よく思うのが、デパートやスーパーなんかで暖房が利き過ぎていて従業員は薄着で、お客さんのためにあんまりなっていないよね?

荻原　本屋さんも冬に厚着していると、汗だくになる。そんなに汗かきじゃないんですけどね。だからコートを脱いで手にかけていると今度は万引きに間違えられそうで……。

岡崎　そうか、本屋では暑くてもコートを脱いだらいけないのか。他にはギャンブルとか、風俗とかもムダ?

荻原　ギャンブルも風俗もそうだろうし、新幹線でグリーン車に乗るとかも無駄だと思いますね。

岡崎　確かに無駄だなあ(笑)。ものすごい豪華になるならいいけど。個室で寝て本が読める、とかね。ちょっと椅子がよくなって、スペースに余裕があるぐらいのことで、着く時間は一緒やからね。グリーン車やったら、まだ許せる。

荻原　「ぷらっとこだま」のグリーン車も普通車も。

岡崎　わかる、わかる。いまは名称が違うのかな。東京から京都までが、「こだま」のグリーン車が使えて一万円、という特別キップね。ぼくも何度か使った。ただ、時間変更とかはできないのね。

荻原　大阪まで三時間半くらいかかるけど。のぞみに乗っても、一時間ほど早まるだけでしょう。

岡崎　途中の停車駅で待って、のぞみにガンガン抜かれるよね、ピューッと。ああ、また抜かれたなあ、と。だんだん悟りの心境に近づいていく。修業やな（笑）。

荻原　でも、ドリンク一杯付いて、ちょうどいい感じなんですよね、大阪へ行くのに。

岡崎　そんなに早く行く必要がないっていうか。

荻原　高速バスのほうが安いけど、あれほど疲れないし、ちょっと贅沢した気持ちになれる。

岡崎　時間を有効に使えるしね。

荻原　でも、「ぷらっとこだま」とかに乗るようになったのも、三十過ぎてからですね。それまでは〝青春18きっぷ〟オンリーですから。

岡崎　そうだよね。名古屋ぐらいまでは平気で行けるもんね。

荻原　いや、ぼくは大阪まで行きました。

岡崎　十時間以上、かかるやろ?

荻原　あとは散髪もずっと前から自分で切っている。

岡崎　器用やなあ。鏡見て、か。それでマッシュルームカットみたいな、独特な魚雷カットができた。一〇〇〇円カットも、「QBハウス」とか、今は方々にあるけどそれさえ行かない?

荻原　もう自分で。慣れてますから。バリカンは三台買い替えていますけどね。

本を読む楽しさを知っている人は貧乏でも幸福

岡崎　最後、まとめみたいになるけど、貧乏の時の方が、よく考えるってことない? 生き方とかさ?

荻原　なんだかんだで高円寺とか中央線沿線に住んで、趣味に生きるみたいな文科系貧乏は、その趣味に使う時間が欲しいんです。本を読む時間をなくしてまでお金稼ぎたくない。あくせくとお金を稼ぐために費やす、その時間があったら音楽を聞いたり映画を観たりしたい。その結果、貧乏になってしまっているってことだと思います。質問の答えとしては少し違うけど。

岡崎　したいことをするって人間の必然やな。

荻原　子供がいっぱいいたりするのとかとは少し違う。これは自業自得の貧乏なんです。仕事しようと思えば、風呂付アパートに住めるくらいの収入は当時からあったけど、それを維持しようとすると今度、働く時間が長くなって、そうなると平日に古本屋に行ける時間がなくなるんです。しかも月に何回もの締切りが増えると本も読めなくなるし、酒も飲めなくなるし。すると、ぼくのような人間は、生きている意味がないんじゃないかとまで考えてしまう……。なら風呂無しアパートで構わない。

岡崎　その人その人にとって、みんな違う、大切なもののうち、どれを取るかという選択になるよね。

荻原　外食なんかもそうで、一日一回外食していたら、その分時間も取られるし、お金を余計に使う分、本も買えなくなる。髪も一〇〇〇円カットなんかあるけど、自分で切れば十分で、一〇〇〇円あればけっこういい古本が買えるんです。

岡崎　確かに。いまや、古本屋で一〇〇〇円出せば結構、良い本買える。

荻原　なかなか手に入らない文庫を思い切って買えますよ。

岡崎　普段ならちょっと躊躇しちゃうやつ。

荻原　こういうことを突き詰めていくと、ぼくが今しているみたいな、こういう生活になっていく。

岡崎　つまり貧乏の方が「物をよく考える」「工夫する」ということだよね。

荻原　そうです。だから時間があるということが大事で。

岡崎　「貧乏暇なし」ではダメなんだよね？

荻原　「暇がある貧乏」ってのは、実はお金があって忙しい人よりも幸福度が高いというのが僕の持論です。例えば月一〇万でも一日しか仕事していなかったら、毎日遊べますよ。一〇〇円の文庫を見つけるために一日使って、見つけたら今度は一日かけて読む。最高の幸せですよ。

岡崎　いいこと言うねえ。やっぱり本を読む幸せ知っている人は、お金を使わない楽しみ方を知っているよね。

荻原　高円寺から西荻窪あたりの古本屋まで回ったりしたら半日は使いますからね。

岡崎　歩きながらいろんなことを自然と考えたりするし、アイディアも出てくるしね。急に昔のことを思い出したりね。ぼくは歩きながら、いまから書こうとしている書評を、頭のなかで書いたりもする。いいフレーズを思いついたりね。そういうことが今の企業戦士にはないと思うな。

荻原　あとは貧乏でも健康には気を付けています。病院に行くお金もできれば節約したいし……。だからって煙草やお酒をどうするかって話はあるんですけど。

岡崎　確かに病院行くとお金かかるしね。ぼくは月一回、定期的に検査に行って薬をもらっているけど、一回行くと、検査費と薬代で一万五千円ぐらいかかる。これに歯の治療が加わると、軽く二万円は超える。大きいよね。健康なら払わなくていい金だもの。

荻原　横井庄一さんの本を愛読してきたんですが、あの人は何にもないジャングルで、胃潰瘍にかかった時も、温めた石で治したんですよ。胃潰瘍だって病院に行かずに治せるんです。だからちょっと痛いところがあれば温めるとだいぶ良くなりますよ。

岡崎　簡単に医者にかかり過ぎるよね。

荻原　だから全然病院には行かないですね。

岡崎　大きな病院へ行くと、本当に混んでるからね。予約なんか取っても一緒で、二時間待ちとか平気。行かないと損だと思っている人が多いのかもね。常連の人がいて、その人の姿が待合室に見えないと、「おや、あの人が来ない。どこか具合でも悪いのかしらん」って（笑）、落語のマクラであるけどね。

荻原　ぼくは、腰痛なんかも自分で治します。急性の腰痛で這ってしか歩けなかったときも三日で治しました。それって本を読んできて学んだことが役に立っているんですよ。例えば『シートン動物記』とか。

岡崎　動物は、基本、怪我をしたときは、なるべくじっとしていると言うね。だから、きっとある程度楽天家じゃやないとこの稼業はできないね。悲観家で「ああなったらどうしよう」という風に、悪い方へ悪い方へ、考える人にはとてもできないよね。だって、先のことは本当にわからないんだもの。

荻原　だから岡崎さんみたいな三十歳を超えて、何のあてもなく東京に来てしまうという（笑）。

岡崎　魚雷くんにいま、そう言われて気づいたけど、おれって、その一点だけ取っても、楽天家なんだな。

荻原　僕もそう思っていて、だから結局は「何とかなるんじゃないかと」。

岡崎　ほう。

荻原　バイトしていれば一人暮らしで贅沢しなきゃ十分暮らしていけます。月十万あればやれます。頑張れば五万でもやり繰りできますよ。

岡崎　五万か、もうちょっと欲しいけどな（笑）。

荻原　地方ならもっと安くできるところもいっぱいあると思います。

岡崎　それは、たしかにそうだ。東京だけで、ものを考えちゃいけない。

荻原　聞いたんですけど、一軒家を五千円とかで借りられる島があって、鶏飼って畑作って釣りすれば、食費は米と味噌だけで生きていけます。冠婚葬祭以外、お金使うことないですよ。

岡崎　あとは都会の場合でも、いざとなったら、最近はよく本が紙のゴミの日に出ているから、町内を回って、そこから目ぼしいものを集めて古本屋に持って行けば数千円にすることもできるよね。空き缶を集めてらっしゃるホームレスの人を見かけるけど、本の方がいいんじゃないかな。

荻原　最近はネットのアマゾンなんかも有効で、雑誌のあまり古くないバックナンバーなんかが、仕事で必要な人がいるからそれなりの値段で売れるんですよ。だから日々の飲み食いするくらいのお金は、ちょっと才覚があれば、じゅうぶん稼げますね。

岡崎　そうか。ネットって、貧乏人のある種の救済策にはなっているよね。ブックオフのケータイセドリの連中とかね。

荻原　今は物々交換なんかもあって、着ない服なんかを交換したりしている。

岡崎　昔はそういうのもなかったからね。だから考え方やな。楽天家であること、貧乏な生活で工夫をすることに面白みを見出せる人。あんまりガチガチに考えている人は難しいかもね。

荻原　不安定なこと自体が悪いとか恥ずかしいと思わなければ、むしろ毎日刺激的ですよ。

岡崎　ううん、今夜の魚雷くんは、どんどんいいこと言うねえ。神がかってきたよ。たしかにそうだ。だからお金を使わないと幸せになれないと思っている人は不幸だな。やっぱりお金を使わずに楽しみを見出せる人が長い人生勝つと思う。

荻原　例えば、一日時刻表見て飽きない人、いっぱいいるじゃないですか。

岡崎　いっぱいいる。

荻原　あれは全くお金かからないですからね。

岡崎　そう。ここで乗り継げばこんな遠くまで行けるとかね。時刻表の数字を見ながら、頭のなかで旅を楽しんでいる。高度に知的な遊びだよね。

荻原　あとは釣りとか。知人に風呂のバスタブに毛鉤を浮かべて一日見ている人がいるんですけど、それをなんとも楽しそうに話すのを見て、これこそ「幸福」と思いましたね。そして、本は何度でも楽しめる。二十年ずっと読んでいる本もありますからね。飽きないです。新しい発見もあるし。

岡崎　貧乏は、金持ちでは考えられない知恵を生む。

荻原　ぼくも、もし貧乏してなかったら料理もしてないかな。

本への情熱が溢れ過ぎて、こぼれそう
対談　古書ますく堂店主・増田啓子

家賃と必要経費はアルバイトで稼ぐ

岡崎　「ますく堂」は、池袋の裏路地にあった廃業したスナックを、そのまま店舗にしたという異色の女子の古本屋です。池袋に長く住んでる人でも、あまりいかないような場所で、この路地で見かけるのはネコぐらい（笑）。池袋の秘境と言われている場所だけど、二〇一一年一〇月オープンだから今年でもう三年目ですね。いや、失礼な言い方だけど、よく続いているよねえ。

増田　そう、もとあったスナックは夜逃げして、私が物件を見たとき、食器なんかもそのまま残されていました。生々しい（笑）。日本全国の古本屋を巡ってルポを書いている「古本ツアー・イン・ジャパン」の小山力也さんが来てくれたときも「（オープンから三年なら）保ってる方ですよ。もっと早く潰れる古本屋はいっぱいありますよ」って。これ、ホメ言葉なのかな？

岡崎　うーん、それは励みになるのかよくわからんけどな（笑）。でも、たしかに、できて一年くらいでパッと消えるお店もいっぱいあるから。三年はよくがんばってる方じゃない？　けっきょく古本屋をやるにあたって、一番強いところは、店舗が住居を兼ねているというところよね？　店の家賃と別に、住居としての家賃を払うのはキツい。

増田　当初から店舗と住居は一緒って、それは決めてました。経済的に無理でしたからね。しかも、店の売上げだけでは食べていけなくて、始めてから数年は、スーパーでのアルバイトは続けていて、それでなんとかしのいできた。今はネットカフェの夜勤をやっています。近所なので通勤は楽ですけど。

岡崎　よく知らないんだけど、ネットカフェって、けっこう利用する人は多いのかな？

増田　多いですよ。金曜日、土曜日はすごく混みますよ。毎日来ている人もいて、「これがネットカフェ難民？」とか思ったりしますね。十二時間で一度清算しないといけない決まりなんですけど、いったん清算して、また入り直す人もいるんですよ。本当に、二十四時間、ずっといる人がいます。

岡崎　ちなみに、利用料って、たとえば十二時間でおいくらですか？

増田　時間帯にもよりますが、夕方から入店して軽食を取ったりしたら四、五千円はかかりますから、下手なビジネスホテルに泊まるのと同じくらいですよ。

岡崎　そうか、そんなに安いってわけじゃないんだ。まあ、マンガが読めたり、ネット環境が整ってるとか、あとドリンクがフリーか。

増田　そうですね、セットになってますから。ビジネスホテルより居心地がいい、という人もいるかもしれませんね。

岡崎　なるほどなあ。ぼくなんか、ちょっとダメですね。あんな狭い空間で一夜を過ごすなんて。閉所恐怖症になるかも（笑）。いま、増田さんは、週に何日くらい勤めているの？

増田　週二日くらいですかね。私の勤務形態は夜勤なので、徹夜するのと一緒なんですよ。だから、毎日はちょっと難しいですね。

岡崎　それで、いくらくらいになるの?

増田　時給は一〇〇〇円以上なので、月で十万円くらいになりますかね。

岡崎　それが「ますく堂」の家賃になるってことだね?

増田　そう。毎月出ていく最低限のお金をそこで稼いでいます。

岡崎　倉敷の女子の古本屋「蟲文庫」の田中さんも、最初そうだった。郵便局とかでアルバイトしながら、店を支えていた。ほかにもそういう例、知っているけど、それでも古本屋をやりたいんだね。

三年で買った服は靴下だけ

岡崎　家賃のほかで出ていくとしたら、あとは食費、光熱費ってところかな、必要経費は。服はもう買わない?

増田　服なんて、もうここ何年か買った覚えがないです。そんなお金があったら、まず何より本を買うから。東京へ来て、服を買ったと言ったら、ユニクロで靴下買ったくらいですね。

岡崎　三年、花の東京へ住んで、靴下だけですか。それは、乙女としていかがなものか（笑）。旅行なんかもしない？　地方で開かれる「一箱古本市」に参加するとき、行くぐらいかな？

増田　そうですね。去年は岐阜の柳ヶ瀬と富山の一箱古本市に参加しました。もちろん、新幹線なんて、とんでもなくて、夜行バスで行きましたね。

岡崎　夜行バス、よく使ってるよね。新幹線は贅沢か。

増田　そんなん、贅沢ですよ（笑）

岡崎　交通費使って、現地に行って、一箱古本市に出店すると、一日の儲けは、どれくらいになる？

増田　往復の交通費分くらいにはなりますね。とても、いい成績とは言えないですけど。

岡崎　それはいかんやろ。僕のとこ（著者もしばしば、雑司ヶ谷「みちくさ市」などに出店し、そこそこの売上げをしている）に来て修業しなさいよ。

増田　ほんと、そうしたいですわ。お店はたまに売上がゼロのときがあって……。

岡崎　物販でゼロ、はキツいよなあ。いまや直木賞作家の出久根達郎さんも、高円寺で古本屋を経営していたときは、ゼロの日があった、とエッセイなどで書いてるけど。

増田　そう、ゼロって、あるんですよ。ラーメン屋やパン屋さんなら、考えられない（笑）。なんぼなんでも、メロンパン一つぐらい売れるやろ（笑）。

岡崎　まあ、パン屋へ入って、買わずに出てくる人は少ないわな。

増田　古本屋では、それは日常です。あ、ほかも一緒にしてはいけない。私のところは、です（笑）。去年の夏なんかは、とくにひどかったですね。売上が月五万円を切りそうな時があったりして。

岡崎　いや、一箱古本市に出店した素人でも、路上に段ボール一箱分、古本を売って、五万ぐらい売る人はいるよ。

増田　そう言われるとつらい（笑）。家賃を払ったら何も残らないぞ、っていうようなときもありました。

岡崎　質屋に行ったりしたことはあるの？

増田　質屋かあ。あんまりないんですけど、よっぽど困ったときに、母親のアクセサリーを持っていったら、「買い取れない」と言われたことあって、母親の持ってたもんって、どんだけしょぼいんかと（笑）。アクセサリーがダメなら、最近は古本を買い取ってもらうようにしたりして、店の商品で高く売れそうなのを、持っていったりしています。背に腹は変えられないと。

岡崎 古本屋が古本を質に入れるって！ 究極の選択やんか。なにも、話をおもしろくする必要はないのよ。だいじょうぶ？

増田 いえ、ほんとの話ですから。

岡崎 そうかあ。それで三年やってきたって、やっぱりすごいな。三年は長いよ。中学、高校なら卒業してしまう（笑）。

住み込みで新聞配達もした

増田 店の売上げだけでは、とてもとても。けっきょく、バイトと掛け持ちだからやれたんです。もう、このお店は、波間に漂う小さな舟だけど、とにかく漕ぎ続けるだけです。

岡崎 「波間に漂う小さな舟」と言えば、美しいけどなあ（笑）。古本屋以外の、他のことをやったりとかは考えたりしないの？

増田 しないですね。わたし、接客なんかが基本的に好きではないので、ひんぱんにお客さんと関わるのは苦手なんです。新刊書店にいたときも、そういうところが嫌で辞めたところがあるんです。

岡崎　ええ、そうかな？　意外ですね。明るいし、人当たりもいい感じするけどね。以前に僕が国立の民家ギャラリーで開催した、一人古本市を増田さんに手伝ってもらったことあったよね。そのときなんかは、端で働きぶりを見ていて、やっぱりプロだなと感心したけどね。帳場にいて、お客さんが本を渡して、受け取ってお金をもらって、という一連の動きが、やっぱり素人さんとはまったく違ったよ。神戸にいたときから書店で働いていた？

増田　いくつかの新刊書店を渡り歩きましたけど、特に、神戸にあった「鳥書房」に勤めていたときは、オーナー夫妻に良くしてもらいましたね。今は閉店してしまいましたけど、もしあのまま続いていたら、あそこならずっと働いていたかったですね。

岡崎　一番経済的に安定していたのはいつ頃？

増田　神戸にいた大学生の頃ですかね。新聞販売所に住み込んで新聞配達をしていて、さらに奨学金があったから。今思うとあのときなぜ貯金しておかなかったのだろうと思いますね。

岡崎　増田さんの出身は、広島ですよね？

増田　高校生までは広島。そこから神戸へ出て来て、短大に入学して、その後、新聞配達の奨学生になって、四年制の大学に編入して、その後しばらく神戸にいましたね。
岡崎　新聞配達は朝も夕も？
増田　朝夕刊を配って、集金もして、折り込みもしてみたいな。たまに集金のときに勧誘もしてこいということもあったりして。よく、家々をまわっては、洗剤を持ってお願いしに行ったり。
岡崎　それはどれくらい続けたの？
増田　大学四年間続けてましたね。
岡崎　本当？　それはやっぱりガッツあるね！　雨の日も風の日もあったろうに。
増田　寒いときは大変でしたよ。マンションなんて、全体に暖房がしてあって、あったかくて助かったけど。
岡崎　僕も一年くらい、大阪で新聞配達をやったことあるけど、団地のエレベーターなしの四階、五階の階段って、上り下りとか大変だよね。ダイエットにはなるけど。
増田　夕刊は下にいればいいけど、朝刊は各家庭のポストに入れないといけないですからね。

岡崎　ぼくはバイクだったけど、タイヤがパンクして遅れたときに、家の前で仁王立ちして怒っているおじいちゃんが怖かったな（笑）。

増田　間違って配達したときも大変でしたよ。でも休刊日は月一回しかないから、お金は絶対に溜まるんですよ。使う暇もないですしね。

そのとき、あの大地震が

岡崎　使う暇がない、っていうのは、貧乏人にとって幸せなことやなあ（笑）。暇ができると、お金もいるからな。新聞を配るのは自転車使ってたの、それともバイク？

増田　両方とも使ってましたけど、新聞屋の原付って座席が高くて届かないから「お前は自転車やね」って言われて、自転車で回ってました。

岡崎　その頃から漕いで漕いで漕ぎまくってたんだね。部数はどれくらい配ってたの？

増田　自転車だから、そんなに積めなくて、せいぜい一〇〇部くらいですかね。

岡崎　ぼくもそれぐらいは配ってた。団地だったから効率はよかったけどね。その頃は、奨学生だしアルバイト代も入ってくるし、お金を使うところもないだろうから、あまり貧乏という意識はなかった？

増田　そうですね。

岡崎　そのときはどんなところに住んでました？

増田　新聞販売所の二階に住み込みでしたね。店主の住居は別にあって、その販売所に通っていたから、販売所に住んでいるのは私一人。だから阪神大震災（一九九五年一月十七日早朝、兵庫県南部をM七・三の大地震が襲った）のときも私一人で、地震の直後に社員さんから連絡がきて、まず言われたのが「販売所大丈夫か？」って……。「ちょっと、私の心配は？」みたいな（笑）。

岡崎　そうか、あのとき神戸にいたのか。

増田　そうなんですよ。覚えているのは、とにかく寒かったですね。一月ですから。ちょうど朝の配達が終わって、帰ってきて「さあ寝ようか」ってときに、いきなり揺れ出した。五時四十六分だったんですけど、そのときは、そんなに大変なことだとは思わなくて、眠いから「もう勘弁してよ」と思いながら、寝床にもぐりこんだら、揺れがやっぱりすごくて、階段を下に降りることもできなかったです。幸い大きな被害はなかったですけど。

岡崎　巡り合わせやねえ、あの日、あの場所にいるってことは。大学を卒業してからは、何をやろうとか考えていたの？

増田　やっぱり本屋がいいかなとぼんやり思っていて、まだ古本屋ではないんですけど、新刊の本屋でアルバイトを始めて、「鳥書房」に移ってきたという感じです。

岡崎　鳥書房のときはアルバイト？

増田　アルバイトで入って最後の一年は正社員にしてもらったんですけど、それでむしろ潰れるのが早まったんじゃないかと……。

岡崎　小さい店だとねえ、人件費の問題が大きい。その頃の楽しみは何だった？

増田　本ばっかりですね。映画館に行くっていう楽しみをまだ知らなかったし、友だちと遊ぶってこともなかったから、一人で本を読むのが一番楽しいかな。古本屋なんかにも行ったりしてました。

岡崎　震災後、神戸の古本屋も、だいぶ潰れたけどね。

開店資金は全部で100万円

岡崎　神戸から上京するってことは人生の大きなターニングポイントだったと思うけ

ど、何がきっかけでした?

増田 関西にいたときから東京とか旅行に行ったりしていて、神保町に行ったり古本祭を見たりすると、やっぱり東京はすごいなあと思って。圧倒的に古本屋が多いことに惹かれてましたね。「古本屋をやって売る」というより、東京に住んで、「自分で古本屋に行きたい」という思いが強かったかもしれません。

岡崎 ぼくもそうだった。東京に住めば、これは、たくさんある古本屋へ行き放題やないか、と思ったなあ。それで、上京して古本屋になろうと思ったわけか。

増田 ちょうど出版業界の状況が悪くなりつつあるときだったのに、時代の流れに逆行するかのように上京してきてしまいましたね。

岡崎 この十年ぐらい、新たに古本屋になろうって人がまた増えていて、そういう場合、店主って三十代と五十代後半の人が多い。増田さんもちょうど、上京したとき三十代。古本屋になりたかったのは何でだろう?

増田 新刊書店ができないというのもありますけど、やっぱり、人に使われるのではなく、自分で店を構えてやれる、っていうのが古本屋だった。あと、ブックカフェとかいろんな形態を自分で楽しめるっていうのがありますよね。

岡崎　それまで古本屋で働いたことはあったの？
増田　なかったですね。広島には古本屋はほとんどないし、当時は組合のことも知らなかったからどうすればいいのか考えてて。
岡崎　やっぱり無謀やな（笑）。池袋の物件は決めてから上京したの？
増田　違います。最初は大泉（練馬区。西武池袋線大泉学園駅周辺）に引っ越してきました。
岡崎　貯金はあったの？
増田　五十万くらいだったかな。それで古本屋をやるときに百万円くらい用意して、それでお店を開いたんです。
岡崎　え！　百万円で開いたの？
増田　周囲にもびっくりされて（笑）。
岡崎　屋台のおでん屋を始めるのでも、もうちょっとかかるかもしれない（笑）。
増田　でも、百万円しか、本当になかったから。開店してから、お世話になった鳥書房の奥さんに言ったら、すごく心配してくれましたね。だいじょうぶ？って。お店開くことも相談しないで自分で決めちゃったから。

岡崎　そうだね。これは、あらかじめ相談したり金銭的なことを計算したりしていたらできないことだもんね。やると決めたらやるしかない。そういう点は女性の方が思い切りがいい。これから先、なんとかやっていけそうですか？

増田　三年はやってきたんでね。ときどき、ポエトリーカフェ（詩の勉強会）をやったり、スナックをやったりしてお客さんに来てもらう努力はしてますね。

岡崎　もともと店はスナックだったもんね（笑）。いや、今でもそっちの方が儲かるかもしれない。今、商品の仕入れ方法は？

増田　〝せどり〟とたまに来る買い取りです。でも買い取りはほとんど来ないですね。

岡崎　「買い取ります」ってもっとデカデカと書かないと。今は家で邪魔になってる本を「タダでいいから持っていって」っていう人がけっこういるのよ。みんな処分に困っているから。

増田　去年、そういう人、いましたね。

売上ゼロの日がざらにある

岡崎　そういう好条件の買取をして、どんどん均一台に出して、目ぼしい本だけちゃんと値付けして、棚に並べていけばいいよ。あとは、お店が奥まってるんだから、のぼりや均一台も人通りのあるとこまで出しちゃえばいいじゃない。

増田　前にのぼりや看板も車道沿いに出したんですけど、この細い道でも大型車がたくさん通るからチェックがはいっちゃって。

岡崎　一番お客さんが入ったのはスナックをやったとき？　それでこれまでの最高売上金額はスナックのときの飲み代も入れた二万円？　少ないときはゼロのときもあると。ちなみに今まで一番ゼロが多かった月っていうのは？

増田　もう十日間以上、へたしたら月の半分以上のときがあるかもしれない。

岡崎　困ったな。

増田　そのときは、店を休んで、旅行でも行っておけばよかったんじゃないのとか思いました（笑）。

岡崎　客が来ない、その間は何してんの？

増田　ひたらすら本読んだりしています。

岡崎　読書はお金、使わんからなあ。古本屋だから、いくらでも本があるし（笑）。

増田　そうなんですよ、これで本がもっと売れてくれたら、いい仕事です。

岡崎　食事は基本は自炊ですか？　ごはんなんかは炊いてますか？

増田　炊飯器を持っていないので小さい土鍋で炊いてます。

岡崎　じゃあ、食費は少ない？

増田　これがそうでもなくて、けっこう無駄使いしちゃうんですよね。「あー今日もお客さん来なかった」とか思って、ええいって食べちゃうんですよね。自棄《やけ》食いじゃないですけど（笑）。

岡崎　お酒は飲まないの？

増田　家では飲まないです。飲めないわけじゃないから、飲み会とか行ったら、ここぞとばかりに飲みますよ（笑）。でも飲み会もあまり出ない、金銭面でそんなに出られないかな。

岡崎　割り勘でも三千円とか、かかったりするしな。飲んべえのたくさんいる会に出ると、もっとかかる。

増田　そうそう。三千円でも痛い。本がどれだけ買えるか、って考えたら。

岡崎　本が貨幣価値を決める（笑）

増田　でも、そういうときに、ますく堂のショップカードを配ったりすれば、アピールになるから、行くときは宣伝費だと思っています。そこで顔繋ぎして、店に来てもらえたこともあったし。

岡崎　本好きな人たちの会なら、店に来てくれるよ。サラリーマンの飲み会だとアウトやな。

増田　そんな、一般人の飲み会からは誘われませんって（笑）。

岡崎　池袋、という場所はいいけど、ここは路地の奥だから立地はつらい。これはもう地道な活動しかないな。何か、パッと客が増える派手な方法はないよな。町歩きのテレビ番組なんかでも、ここにタレントが来るとは思えないし。

増田　エアコンも電気を食うからできるだけつけない。

岡崎　冬は？　けっこう寒いでしょ。

増田　寒い時は、表へ出て走って温まる（笑）。

飲食店とは違う難しさ

増田　雑誌で紹介されるのは効果があるんですよ。「未だに『ブルータス』見ましたよ」とかいう人来ますよ。二〇一三年に出た「古本屋特集」に載ったのを見て。あれも電話番号だけしか載ってなかったけど、若い人は調べるのが得意だから、それで来てくれるんです。中年の人なんかは、「本の雑誌」の古本特集号を見て、という人が多いかな。

岡崎　立教大学が裏手にあるっていうのは、本当は強みなんだけどね。立教大生はあまり来ない？

増田　たまに来てくれる学生さんはいますけど、「大学院の試験も落ちて就職活動もしなきゃいけないからあんまり来れなくなります」なんて子ですね。

岡崎　そういうやつか（笑）。外車を待たせておいて、たくさん買ってくれるお姫様みたいなの来ない？

増田　来ない来ない（笑）。でも、こないだ、がっつり詩集とか買ってくれた年輩の方がいらっしゃいましたよ。

岡崎　ブログ（「古書ますく堂のなまけもの日記」ほぼ毎日更新）に書いてたよね。うれしいよね、そういうの。

増田　「僕の家にはお宝が眠っているんだよ、お嬢ちゃんにはわからないと思うけどね」みたいなこと言ってましたね。ちょっと見てみたいですよ、盛林堂（杉並区西荻窪にある古書店）が喜びそうなレアものがたくさんあるんですって。「神田の連中はわしが死ぬのを待ってるんだ」とか言ってましたけどね。

岡崎　まあ、そういう人に限って長生きだけどね（笑）。お店を知ってもらうための営業努力は、ブログ、ツイッターをやり、ショップカードを作ってる感じかな。一箱古本市のときもショップカードを配ったりしてるのかな。古本屋としては十分やっているよね。

増田　飲食店でよく「たどり着けない名店」とかあるじゃないですか。古本屋だったらうちの店も間違いなく入る自信あるんだけど（笑）。

岡崎　けっこう迷う人も多いよね。本当にこの道でだいじょうぶか、と思うアプローチではある。

増田　飲食店だと、たとえばすぐ近くの「つけ麵屋」なんかは、学生が行列を作ってますけど、その隠れ家感が、ラーメンの味にプラスされたりする。でも、誰もたどり着けない古本屋には来ないですよね。グルメとは違うな。

岡崎　「ますく堂」の主力商品は、詩関係かな。あと、読書、古本についての本もがんばって揃えている。

増田 そこいらは、年配の方によく買ってもらってますね。若い人はなかなか。

岡崎 やっぱりこの先の課題は、均一台だな。中に入らなくても、お店の表を通りがかって百円の時代小説なんかを手に取ってもらう。そういうためには百円の本をいかに準備できるかってところにかかってくると思うよ。それはさっきも話した「うちの本持っていって」と言ってくれるようなお客さんの買い取りを増やしていくしかないな。そういうお客さんは絶対にいるから。

――バタン！（入口のドアが風で閉まる音）

岡崎 ああ、びっくりした。誰か、お客さんが入ってきたのかと思った。いま、ドアは勝手に閉まったの？

増田 そう、風で勝手にしまるんですよ。

岡崎 自動ドアやん！

増田 ハハハ（笑）。

五百円の交通費が痛い

岡崎 今、移動はバイクを使っているの？

増田　エンジンはかかるんですけど、ハンドルが回らなくて乗ってないです。
岡崎　ハンドルが回らんのは困るなあ。まっすぐしか走れない。修理に出すとお金かかるから出さないの？
増田　今は出せないです。
岡崎　だったら古本仲間にメカに詳しいやつが絶対にいるよ。そういうやつに見てもらったらいいよ。交通費だってバカにならないから。
増田　そう、古書モールはそのバイクで行ってたんですよね。電車賃浮かすために。
岡崎　池袋から神保町に出かけるときは、電車を使うとちょっとかかるよね。
増田　行くと、交通費分のもとを取らなきゃと思いますね。
岡崎　交通費のもとを取るって（笑）、本書にふさわしい人やな。
増田　池袋から御茶ノ水なら往復四百円、中央線沿線だと五百円以上かかりますからね。
岡崎　そうか、池袋から西荻窪だと、往復で六百円ぐらいかかる。やっぱり五百円って、増田さんの生活のなかでは、大きい？
増田　めちゃくちゃ大きいですよ。

岡崎　貧乏するって、まず交通費が痛いってことだもんな。歩けたら歩きたい。原付のバイクだったらほんとに安く回れるよね。僕も東京来たばっかりの時は、もっぱらスクーターで移動していた。埼玉県の戸田公園に住んでたんだけど、新宿や神保町や高円寺など、どこ行くのもスクーター。自動車の排気ガスで鼻の穴、真っ黒になったけど（笑）。

増田　本当ですか？　でも私、方向音痴が激しいので、池袋から西荻窪に無事辿り着けるかな？　とんでもないところへ行ってしまいそうで。無事着いても、今度はお店の開店時間までに戻ってこれるかなみたいな心配が。

岡崎　そんなアホな！　けっこう早いよ、五十ＣＣでも。生活は節約できるとこは最大限節約しているのかな？

増田　そのつもりですが、どうですかね。でも体重が落ちないから、もうちょっと食費は削れるんじゃないですかね。

岡崎　食べることはやめられない？　だってそんなうまいもん食べてるわけじゃないでしょ？

増田　そうですけど、食事を一食は抜いたりできますけど二食は抜けないですね（笑）。

岡崎 一食も抜いたら、死んでしまうよ。ごはんなら一回炊いたら、ちょっとしたおかずがあれば食べられるから、一番安上がりだよね。よくスーパーで、賞味期限間近の食パンとか、めちゃくちゃ安く売ってるけど、パンは食べない？

増田 パンはあんまり食べないですね。大抵ごはんですよね。パンって、腹に力が入らないんですよね。

岡崎 そんな、肉体労働のおっさんみたいな（笑）。

増田 実家にいたとき朝食がパンで「力入らんわ」って、いつもブーブー文句言ってましたね。それだったらごはんにふりかけの方がいいですね。

岡崎 ごはんは毎日炊いているんだ。冷蔵庫や電子レンジはある？

増田 あります。

岡崎 そしたらなんとかなるね。揚げ物とかはしない？

増田 フライパンに油を入れて、揚げ焼きみたいにしたりはしますけど。たくさんの油は使わない。

岡崎 肉は買ってきて料理したりするの？

増田 百グラム百円以下じゃないと肉は買いません！

岡崎 そんな、別に力を入れて言わなくても。コーヒーはインスタント?

増田 毎日飲みますからね。好きなんで。

岡崎 今、東京のちょっとした純喫茶なんか行くとコーヒー一杯が五百円以上するけど行ったりする?

増田 行かないです! 打ち合わせなんかで知り合いとかと一緒に入るようなときじゃないと。喫茶店には一人では基本、入らないです。あとは自販機で缶コーヒーを買うぐらい。

岡崎 「ドトール」とか、チェーンの二百円ぐらいでコーヒー飲める店へも行かない?

増田 いや、二百円あったら……。

岡崎 わかった、わかった。本が買えるって言いたいんやな?

増田 その通りです(笑)。

岡崎 他に日頃、高いなあと感じるものってある?

増田 お昼ごはんで千円とか有り得ないですよね。

岡崎 最近は昼ランチで千円なんて、ざらにあるからね。

増田 その千円があれば本を買いますね。

岡崎　本を買うお金をいかに捻出するかが、増田さんの人生のテーマだね。

増田　最大のテーマです！

岡崎　（本棚をぐるっと見渡して）始めた頃に比べたら、だいぶ良い本も揃ってきてるじゃない。

増田　量は出てきたけど常に良い本を揃えておかないと。常連さんは飽きちゃうし。

岡崎　常連さんはいる？

増田　知り合いみたいな人たちですけど何人かいますよ。

岡崎　そういう人たちは気の毒がって買ってくれる？

増田　そうそう（笑）。

岡崎　それも一つの手やと思うよ。なるべく悲しい顔をしている方がいい。もう三日、何も食べてない、みたいな。

増田　お客さんが来たら、つい、ニコニコしてしまうんですよ。

岡崎　めったに来ないから（笑）。

増田　でも、うちに来てくれるお客さんは、全員、いいお客さんです。うちは、新刊も置かせてもらっているんですが、池袋まで来たら、「リブロ」や「ジュンク堂」や、どこでも買えるのに、うちで買ってあげようという人がいてくれるから。

岡崎　それはうれしいよね。新刊なら、どこでも買えるけどね。どうせ買うなら「ますく堂」で。そういうお客さんが増えたら強い。

増田　新刊はなるべく委託ですけど（笑）。買い切りだと冊数がシビアになりますから。でも、怖いのは支払いのとき。古本は売れたら全部、私の取り分ですけど、新刊は八掛けとかで、売れたら払わなくちゃいけない。それをついつい忘れてて、儲けたつもりで使っちゃうんです。

岡崎　二千円の本なら、一冊売れても、本当は千六百円は支払い分でプールしておかなくちゃあかん。

増田　そうなんです。それをつい、手を出して使ってしまう。

岡崎　目先の金に手をつける。貧乏の悲しいところやな。

ますく堂支援基金設立？

岡崎　貯金はどう？　少しはしてるかな。

増田　ゼロに近いですよ。マイナスにはなってないですけどね。大変ですよ。毎月が綱渡りで。月末近くになると、いつもどうしよう、どうしようと思っている。なので、冠婚葬祭とか行けませんよ。祝儀が払えない。知り合いが結婚しても、行けません。

岡崎　結婚は祝福するけど、結婚式の出席は勘弁みたいな。

増田　申し訳ないけどパス（笑）。

岡崎　コンサートは？　今度来るポール・マッカートニー、チケット一万五千円するらしいけど？

増田　有り得ないですね。一万五千円のポール、興味ないです！　もし、タダで手に入ったら、間違いなく転売ですよ。私には大金です。

岡崎　ポールには、一万五千円ぐらい、はした金やろな。増田さんにとっての百円ぐらいか？　東京へ出てきて、遊ぶところはいっぱいあるのに、大した楽しみも知らず、ここまではよく頑張っていると思うけど、この先の目標はありますか？

増田　お客様あって今がありますから。どれだけ助けられたかわからないです。お客様を、一人ひとり大事にしていきたいですね。お金がないので、できるのはそれしかない、と思ってます。

岡崎　結局この仕事やっていてやめられないのはそういう部分が大きいよね。本好きな人は良い人が多いよな……と、そういうことにしておこう（笑）。もし今、お金に余裕ができたらまず何をしたいかな？　本の仕入れ以外でですよ。

増田　旅行！……に行って本の仕入れです。

岡崎　いや、仕入れ以外に、と言ってるのに。

増田　でも本当に、仕入れのために全国回りたいんですよ。やっぱり古本を買う旅ですよ。楽しいやろうなあ。

岡崎　車は運転できるの？

増田　できますけどペーパーですよ。

岡崎　まあ、車は維持費がかかるし、東京では駐車場代もバカにならない。とりあえずバイクをなんとか修理した方がいい。

増田　できれば沖縄にも行きたいんです。行ったことないんで。

岡崎　でも良縁があったら、お嫁に行くでしょ？

増田　それはね、来いと言われれば。私より貧乏な人はいないと思いますから。

岡崎　「私より貧乏な人はいない」か。それ、名言やな。でも、いるよ。東京都内で、山手線の内側に住んで、しかも、これだけの店を借りてる貧乏な人って、いないよ。

増田　まあ、そう言われたら（笑）。

岡崎　携帯やパソコンは？

増田　携帯代はばかにならないですよ。パソコンはありますけど、プリンターはないです。インク代が高くつきますから。

岡崎　そうや。回りに頼ればいいんだよ。簡単な印刷ぐらい。「貧乏なんですいません」と言って。それを男が言ってたら、アホかってなるからね。それが女子の強みだよ。ますく堂の支援のための課金制度作るか。「ますく堂、だいじょうぶかな？」と思った時点で五百円を投じるとか（笑）。

増田　お願いします。助かります（笑）。

古書ますく堂
〒一七一－〇〇二一 豊島区西池袋四－八－二〇
東急産業池袋マンション一〇五号
営業時間　十二時～二十時頃　ほぼ無休

文庫版あとがき

本書のもととなったのは、『あなたより貧乏な人』(メディアファクトリー)で、二〇〇九年に出た。もう五年前だ。いま、プロローグを読み返してみると、当時は深夜に放送していたテレビ番組「銭形金太郎」や、「格差」「貧困」「勝ち組・負け組」などという言葉について触れている。二〇〇八年には、八十年前のプロレタリア文学、小林多喜二『蟹工船』がベストセラーになった、なんてことも話題にしている。

ああ、そうだったと読み返してみて思う。五年たって、けっして貧困が解消されたとは言えず、むしろ常態化しつつあるが、この部分は情報として古びた感もあり、文庫版ではあっさり削った。その代わりに、金持ちの青年の話から始めたのは、自分でも意外だったが、貧困のレベルも千差万別でなかなか客体化しづらい。ホームレスの人々のなかでも、貧困のレベルの差はあるだろうと思う。そこで、光と影のはっきりしたコントラストをつけるために、大きな光源として、金持ちの青年を最初に持ってきたのだ。

あの金持ちの青年は今頃どうしているだろう。

おっと、貧乏の話。私の好きな映画にフランク・キャプラ監督の「群衆」（一九四一）がある。以下、和田誠『お楽しみはこれからだ　PART6』（文藝春秋）を手がかりに書く。女性記者がでっちあげた、社会を告発するため自殺するジョン・ドーなる人物が話題になり、なんとか彼に化けるための偽物を見つけてくる。「選ばれたのは実直そうなゲイリー・クーパーである。マイナーの野球選手だったが肩を痛めて失業中。金欲しさにジョン・ドー役を引き受ける。浮浪者仲間のウォルター・ブレナンは反対する」。そして相棒にこんな諌《いさ》めをするのだ。同じく、和田誠の著書から引く。

「金ができると俗物が集ってくる。いつのまにか車を買わされる。車を買えばガソリンに税金に保険に違反の罰金だ。払うために働くハメになり、自由はなくなり、自分も俗物になるんだ」

これは金と自由の関係を具体的に明確にした、みごとなセリフ。私の場合を考えても、あこがれの東京へ出てきて、二番目の町として高円寺のアパートに住み、独身のフリーライターで、年収は二百五十万から三百万円ぐらい。まだ仕事もひんぱんにあるわけではなく、古本屋と定食屋と、たまに映画館や寄席へ行き、夜はいきつけのバーで飲んでいた。自由な時間は今よりはるかに多かった。第二の青春（三十半ばであったが）を満喫していた。

その頃、同じバーのカウンターで知り合ったのが荻原魚雷くんで、話してみると、同じ毎日新聞社でフリーの身で仕事をしていることがわかった。今回、単行本版に増補するかたちで対談させてもらった。魚雷くんは、今でこそ複数の著書を持ち、雑誌や新聞に連載を持つ、売れっ子の書き手だが、二十年前は、私同様、一般社会からあぶれた感じで、さすらうように生きていた。

その頃に培った、貧乏者としてのライフ・スタイルは確立されていて、功成り名を遂げた今でも、基本的にそのスタイルは維持したまま。一種の芸風とも呼ぶべき完成度で、話をしていて楽しかった。

次に登場してもらったのが、池袋の路地裏で住居兼店舗の古本屋「ますく堂」を営む増田啓子さん。彼女も私や魚雷君と同じく上京組。「本の雑誌」の別冊「古本の雑誌」でも、インタビューさせてもらったのだが、貧乏をテーマに再度話を聞くと、まあ出てくる出てくる。この五年で買った服は靴下だけ……と、独身女性にあるまじき暴言もいただき、貧乏の奥深さをあらためて思い知ったのだった。

じつは、文庫版で増補したこの対談だが、最初は、「あなたよりもっと貧乏な人を紹介してください」というタイトルで、四、五人に話を聞く予定だったが、この二人の貧乏ぶりがあまりに強烈で、濃くて、お腹いっぱいになってしまった。

なお、この対談原稿の起こしは、『昭和三十年代の匂い』に続く担当編集者の窪拓哉くんの手によるものだが、ほとんど完璧な構成ぶりで、切るところがほとんどなかった。起こした原稿の九割はそのまま生かせたはずである。こんな優秀なテープ起こし原稿は、過去に記憶がない。おかげで、ラストスパートは楽をさせてもらった。

その他、単行本では入れられなかった貧乏エピソードを所々加筆してある。なお、五木寛之、石川啄木についての文章は、のちに書いた拙著『上京する文學』（新日本出版社）と重なる記述があるが、そのままにした。

本書に登場するのは、いずれも貧乏だけど貧乏くさくはない人ばかり。どこか達観しているのだろう。貧乏ぶりを語れば語るほど、そのことばが生き生きと躍動し始める。だから、いくら読んでも、貧乏話は飽きなかった。自分で書いておきながら、ゲラで再読するとき、何度かクスクス笑ってしまったほどだ。

「笑った者が勝ち」という考えが、大阪人には強くある。私も大阪出身者として、笑い、笑わせることに人生を賭けているようなところがある。本書に登場する、多くの貧乏話も笑って読んでいただきたい。「貧乏」も、笑い飛ばすところから、活路が開けるのではないかと思う。

先人たちの貧乏話を読むと、「貧乏」はじつにさまざまなことを教えてくれ、また、生きる知恵や工夫を生むことがわかる。そこが「幸せのはじまり」ではないか。文庫版タイトルは、そんな思いを込めて改めた。

貧乏去りがたし、かつありがたし

二〇一四年六月入梅のころ

岡崎武志

・本書は二〇〇九年一〇月にメディアファクトリーより刊行された『あなたより貧乏な人』を改題、再編集したものです。
・文庫化にあたり加筆訂正を行いました。
・ＪＡＳＲＡＣ　出１４０６２２７－４０１

女子の古本屋　岡崎武志

女性店主の個性的な古書店が増えています。カフェを併設したり雑貨も置くなど、独自の品揃えで注目の各店を紹介。追加取材して文庫化。（近代ナリコ）

昭和三十年代の匂い　岡崎武志

テレビ購入、不二家、空地に土管、トロリーバス、くみとり便所、少年時代の昭和三十年代の記憶をたどる。巻末に岡田斗司夫氏との対談を収録。

本と怠け者　荻原魚雷

日々の暮らしと古本を語り、古書に独特の輝きを与えた「ちくま」好評連載「魚雷の眼」を、一冊にまとめた文庫オリジナルエッセイ集。（岡崎武志）

ぼくは散歩と雑学がすき　植草甚一

1970年、遠かったアメリカ。その風俗、映画、本、音楽から政治までをフレッシュな感性と膨大な知識、貪欲な好奇心で描き出す代表エッセイ集。

いつも夢中になったり飽きてしまったり　植草甚一

男子の憧れJ・J氏。欧米の小説やジャズ、ロックへの造詣、ニューヨークや東京の街歩き。今なお新鮮さを失わない感性で綴られる入門書的エッセイ集。

土屋耕一のガラクタ箱　土屋耕一

広告の作り方から回文や俳句まで、「ことば」を操り、瑞々しい世界を見せるコピーライター土屋耕一のエッセンスが凝縮された一冊。（松家仁之）

たましいの場所　早川義夫

「恋をしていいのだ。今を歌っていくのだ」。心を揺るがす本質的な言葉。文庫用に最終章を追加。帯文＝宮藤官九郎　オマージュエッセイ＝七尾旅人

ぼくは本屋のおやじさん　早川義夫

22年間の書店としての苦労と、お客さんとの交流。どこにもありそうで、ない書店。30年来のロングセラー！（大槻ケンヂ）

真鍋博のプラネタリウム　真鍋博／星新一

名コンビ真鍋博と星新一。二人の最初の作品『おーい　でてこーい』他、星作品に描かれた插絵と小説冒頭をまとめた幻の作品集。（真鍋真）

超発明　真鍋博

昭和を代表する天才イラストレーターが、唯一無二のSF的想像力と未来的発想で〝夢のような発明品〟129例を描き出す幻の作品集。（川田十夢）

英語に強くなる本　岩田一男
昭和を代表するベストセラー、待望の復刊。暗記やテクニックではなく本質を踏まえた学習法は今も新鮮なわかりやすさをお届けします。（晴山陽一）

コーヒーと恋愛　獅子文六
恋愛は甘くてほろ苦い。とある男女が巻き起こす恋模様をコミカルに描く昭和の傑作が、現代の「東京」によみがえる。（曽我部恵一）

てんやわんや　獅子文六
戦後のどさくさに慌てふためくお人よし犬丸順吉。社長の特命で四国へ身を隠すが、そこは想像もつかない楽園だった。しかし……。（平松洋子）

うれしい悲鳴をあげてくれ　いしわたり淳治
作詞家、音楽プロデューサーとして活躍する著者の小説＆エッセイ集。彼が「言葉」を紡ぐと誰もが楽しめる「物語」が生まれる。（鈴木おさむ）

青春と変態　会田誠
著者の芸術活動の最初期にあり、高校生男子の暴発するエネルギーを、日記形式の独白調で綴る変態的青春小説もしくは青春的変態小説。（松蔭浩之）

グリンプス　ルイス・シャイナー　小川隆訳
ドアーズ、ビーチ・ボーイズ、ジミヘンにビートルズ。幻のアルバムを求めて60年代へタイムスリップ。ロックファンに誉れ高きSF小説が甦る。

60年代日本SFベスト集成　筒井康隆編
「日本SF初期傑作集」とでも副題をつけるべき作品集である（編者）。二十世紀日本文学のひとつの里程標となる歴史的アンソロジー。（大森望）

増補　エロマンガ・スタディーズ　永山薫
制御不能の創造力と欲望で数多の名作・怪作を生んできた日本エロマンガ。多様化の歴史と主要ジャンルを網羅した唯一無二の漫画入門。（東浩紀）

自然のレッスン　北山耕平
自分の生活の中に自然を蘇らせる、心と体と食べ物のレッスン。自分の生き方を見つめ直すための詩的な言葉たち。（帯文＝服部みれい　解説＝曽我部恵一）

クマにあったらどうするか　姉崎等　片山龍峯
クマと遭遇してしまったら、どうやって生き延びる？「クマは師匠」と言う、アイヌ民族最後の狩人が伝える超実践対処法。（遠藤ケイ）

倚りかからず　茨木のり子

もはや／いかなる権威にも倚りかかりたくはない……話題の単行本に3篇の詩を加え、高瀬省三氏の絵を添えて贈る決定版詩集。（山根基世）

茨木のり子集　言の葉（全3冊）　茨木のり子

しなやかに凜と生きた詩人の歩みの跡を、詩とエッセイで編んだ自選作品集。単行本未収録の作品なども収め、魅力の全貌をコンパクトに纏める。

ことばの食卓　武田百合子　野中ユリ・画

なにげない日常の光景やキャラメル、枇杷など、食べものに関する昔の記憶と思い出を感性豊かな文章で綴ったエッセイ集。（種村季弘）

貧乏サヴァラン　森茉莉　早川暢子編

オムレット、ボルドオ風茸料理、野菜の牛酪煮……。食いしん坊茉莉は料理自慢。香り豊かな〃茉莉ことば〃で綴られる垂涎の食エッセイ。文庫オリジナル。

魔利のひとりごと　森茉莉・文　佐野洋子・画

茉莉の作品に触発されエッチングに取り組んだ佐野洋子、豪華な紙上コラボ全開。全集未収録作品の文庫化、カラー図版多数。（小島千加子）

沈黙博物館　小川洋子

「形見じゃ」老婆は言った。死の完結を阻止するために形見が盗まれる。死者が残した断片をめぐるやさしくスリリングな物語。（堀江敏幸）

性分でんねん　田辺聖子

あわれにもおかしい人生のさまざま、また書物の愉しみのあれこれ。硬軟自在の名手、お聖さんの切口がますます冴えるエッセー。（氷室冴子）

私の猫たち許してほしい　佐野洋子

少女時代を過ごした北京。リトグラフを学んだベルリン。猫との奇妙なふれあい。著者のおいたちと日常をオムニバス風につづる。（高橋直子）

私はそうは思わない　佐野洋子

佐野洋子は過激だ。ふつうの人が思うようには思わない。大胆で意表をついたまっすぐな発言をする。だから読後が気持ちいい。（群ようこ）

問題があります　佐野洋子

中国で迎えた終戦の記憶から極貧の美大生時代、読まずにいられない本の話など。単行本未収録作品を追加した、愛と笑いのエッセイ集。（長嶋有）

遠い朝の本たち　須賀敦子
一人の少女が成長する過程で出会い、愛しんだ文学作品の数々を、記憶に深く残る人びとの想い出とともに描くエッセイ。（末盛千枝子）

世間のドクダミ　群ようこ
老後は友達と長屋生活をしようか。しかし世間はそう甘くはない、腹立つことやあきれることが押し寄せる。怒りと諦観の可笑しなエッセイ。

恋する伊勢物語　俵万智
恋愛のパターンは今も昔も変わらない。恋がいっぱいの歌物語の世界に案内する、ロマンチックでユーモラスな古典エッセイ。（武藤康史）

カラダで感じる源氏物語　大塚ひかり
エロ本として今なお十分使える『源氏物語』。リアリティを感じる理由、エロス表現の魅力をあまさず暴き出す気鋭の古典エッセイ。（小谷野敦）

玉子ふわふわ　早川茉莉編
国民的な食材の玉子、むきむきで抱きしめたい！森茉莉、武田百合子、吉田健一、山本精一、宇江佐真理ら37人が綴る玉子にまつわる悲喜こもごも。

もの食う本　木村衣有子　武藤良子・絵
四十冊の「もの食う」本たち。文学からノンフィクション、生活書、漫画まで、白眉たる文章を抜き出し咀嚼し味わう一冊。

超短編アンソロジー　本間祐編
超短編とは、小説、詩等のジャンルを超え、数行という短さによって生命力を与えられた作品のこと。キャロル、足穂、村上春樹等約90人の作品。

百合子さんは何色　村松友視
泰淳夫人の色、詩人の色、秘密の色……秀れた文業を残し逝った武田百合子の生涯を鎮魂の思いをこめて描く傑作評伝。（髙樹のぶ子）

詩ってなんだろう　谷川俊太郎
谷川さんはどう考えているのだろう。その道筋にそって詩を集め、選び、配列し、詩とは何かを考えるおもとを示しました。（華恵）

一人で始める短歌入門　枡野浩一
「かんたん短歌の作り方」の続篇。CHINTAIのCM「いい部屋みつかっ短歌」の応募作を題材に短歌を指南。毎週10首、10週でマスター！

図書館の神様　瀬尾まいこ

赴任した高校で思いがけず文芸部顧問になってしまった清（きよ）。そこでの出会いが、その後の人生を変えてゆく。鮮やかな青春小説。（山本幸久）

つむじ風食堂の夜　吉田篤弘

それは、笑いのこぼれる夜。——食堂は、十字路の角にぽつんとひとつ灯をともしていた。クラフト・エヴィング商會の物語作家による長編小説。

君は永遠にそいつらより若い　津村記久子

22歳処女。いや「女の童貞」と呼んでほしい——。日常の底に潜むうっすらとした悪意を独特の筆致で描く。第21回太宰治賞受賞作。（松浦理英子）

冠・婚・葬・祭　中島京子

人生の節目に、起こったこと、出会ったひと、考えたこと。冠婚葬祭を切り口に、鮮やかな人生模様が描かれる。第143回直木賞作家の代表作。（瀧井朝世）

ねにもつタイプ　岸本佐知子

何となく気になることにこだわる、ねにもつ。思索、奇想、妄想とはばたく脳内ワールドをリズミカルな名文でつづるショートショート。

蘆屋家の崩壊　津原泰水

幻想怪奇譚×ミステリ×ユーモアで人気のシリーズ、新作を加えて再文庫化。猿渡と怪奇小説家の伯爵、二人の行く手には怪異が——。（川崎賢子）

通天閣　西加奈子

このしょーもない世の中に、救いようのない人生に、ちょっぴり暖かい灯を点す驚きと感動の物語。第24回織田作之助賞大賞受賞作。（津村記久子）

この話、続けてもいいですか。　西加奈子

ミッキーこと西加奈子の目を通すと世界はワクワク、ドキドキ輝く。いろんな人、出来事、体験がてんこ盛りの豪華エッセイ集！（中島たい子）

水辺にて　梨木香歩

川のにおい、風のそよぎ、木々や生き物の息づかい。カヤックで水辺に漕ぎ出すと見えてくる世界を、物語の予感いっぱいに語るエッセイ。（酒井秀夫）

いろんな気持ちが本当の気持ち　長嶋有

何を見ても何をしてもいろいろ考えてしまう。生活も仕事も家族も友情も遊びも、すべて。初エッセイ集が新原稿を加えてついに文庫化。（しまおまほ）

9条どうでしょう　内田樹／小田嶋隆／平川克美／町山智浩
「改憲論議」の閉塞状態を打ち破るには、「虎の尾を踏むのを恐れない」言葉の力が必要である。四人の書き手によるユニークな洞察が満載の憲法論！

橋本治と内田樹　橋本治　内田樹
不毛で窮屈な議論をほぐし直し、「よきもの」に変える成熟した知性が、あらゆることを語りつくす。伝説の対談集ついに文庫化！（鶴澤寛也）

大人は愉しい　内田樹　鈴木晶
大学教授がメル友に。他者、映画、教育、家族――批判だけが議論じゃない。「中とって」大人の余裕で生産的に。深くて愉しい交換日記。

USAカニバケツ　町山智浩
大人気コラムニストが贈る怒濤のコラム集！スポーツ、TV、映画、ゴシップ、犯罪……。知られざるアメリカのB面を暴き出す。（デーモン閣下）

映画は父を殺すためにある　島田裕巳
〝通過儀礼〟で映画を分析することで、隠されたメッセージを読み取ることができる。宗教学者が教える、ますます面白くなる映画の見方。（町山智浩）

終わりなき日常を生きろ　宮台真司
「終わらない日常」と「さまよえる良心」――オウム事件直後出版の本書は、著者のその後の発言の根幹である。書き下ろしの長いあとがきを付す。

希望格差社会　山田昌弘
職業・家庭・教育の全てが二極化し、「努力は報われない」と感じた人々から希望が消えるリスク社会日本。「格差社会」論はここから始まった！

脱貧困の経済学　飯田泰之　雨宮処凛
格差と貧困が広がり閉塞感と無力感に覆われている日本。だが、経済学の発想を使えばまだ打つ手はある。追加対談も収録して、貧困問題を論じ尽くす。

生き地獄天国　雨宮処凛
プレカリアート問題のルポで脚光をあびる著者自伝。自殺未遂、愛国パンクバンド時代。イラク行。現在までの書き下ろしを追加。（鈴木邦男）

生きさせろ！　雨宮処凛
若者の貧困問題を訴えた記念碑的ノンフィクション。湯浅誠、松本哉、入江公康、杉田俊介らに取材。JCJ賞受賞。最終章を加筆。（姜尚中）

貧乏人の逆襲！ 増補版　松本哉
安く生きるための衣食住&デモや騒ぎの実践的方法。「3人デモ」や「素人の乱」の反原発デモで話題の著者の代表作。書き下ろし増補。対談＝雨宮処凛

家族の痕跡　斎藤環
様々な病の温床ではあるが、他のどんな人間関係よりましである。著者だから書ける、最も刺激的にして愛情あふれる家族擁護論。（荻上チキ）

心でっかちな日本人　山岸俊男
いじめは他人への思いやりが足りないから？ 日本人は集団主義で欧米人は個人主義？ こうした紋切り型の議論の罠に陥らないための処方箋。

よいこの君主論　架神恭介／辰巳一世
戦略論の古典的名著、マキャベリの『君主論』が、小学校のクラス制覇を題材に楽しく学べます。学校、職場、国家の覇権争いに最適のマニュアル。

ひとはなぜ服を着るのか　鷲田清一
ファッションやモードを素材として、アイデンティティや自分らしさの問題を現象学的視線で分析する。「鷲田ファッション学」のスタンダード・テキスト。

哺育器の中の大人［精神分析講義］　伊丹十三／岸田秀
愛や生きがい、子育てや男（女）らしさなど具体的な問題について対話し、幻想・無意識・自我など精神分析の基本を分かりやすく解き明かす。（春日武彦）

二十世紀（上）　橋本治
戦争とは？ 革命とは？ 民族・宗教とは？ 私たちにとって二十世紀とは何だったのかを、一年ごとの動きを追いながら、わかりやすく講義する。

二十世紀（下）　橋本治
私たちの今・現在を知る手がかりがいっぱい詰まった画期的な二十世紀論。身近な生活から、大きな歴史の動きまでをダイナミックに見通す。

「読み」の整理学　外山滋比古
読み方には、既知を読むアルファ（おかゆ）読みと、未知を読むベータ（スルメ）読みがある。リーディングの新しい地平を開く目からウロコの一冊。

国マニア　吉田一郎
ハローキティ金貨を使える国があるってほんと⁉ 私たちのありきたりな常識を吹き飛ばしてくれる、世界のどこか変てこな国と地域が大集合。

ちくま文庫

貧乏《びんぼう》は幸《しあわ》せのはじまり

二〇一四年七月十日　第一刷発行

著　者　岡崎武志（おかざき・たけし）
発行者　熊沢敏之
発行所　株式会社　筑摩書房
東京都台東区蔵前二―五―三　〒一一一―八七五五
振替〇〇一六〇―八―四一二三

装幀者　安野光雅
印刷所　中央精版印刷株式会社
製本所　中央精版印刷株式会社

乱丁・落丁本の場合は、左記宛にご送付下さい。
送料小社負担でお取り替えいたします。
ご注文・お問い合わせも左記へお願いします。
筑摩書房サービスセンター
埼玉県さいたま市北区櫛引町二―六〇四　〒三三一―八五〇七
電話番号　〇四八―六五一―〇〇五三

ISBN978-4-480-43191-2 C0195